요즘 어린이를 위한
1교시 논어 수업

논어 수업

펴낸날 2025년 8월 20일

글 박민호
그림 신명환
펴낸이 오동섭
펴낸곳 대일출판사
주소 서울특별시 동대문구 하정로 47(신설동). 4층 402호
전화 766-2331
팩스 745-7883
등록 제1-87호(1972. 10. 16)
기획 김진홍
책임편집 김진홍
편집 | 디자인 정글북

ISBN 978 - 89 - 7795 - 587 - 5   73800

이 책에 실린 글, 그림은 저작권자의 동의 없이 무단전재나 복제를 할 수 없습니다.
잘못 만들어진 책은 구입하신 서점에서 바꿔 드립니다.

대일출판사는 아이와 같은 순수함으로 좋은 책을 만듭니다.
해맑은 아이의 웃음을 책에 담습니다.

품명 아동도서　**제조년월** 2025년 8월 20일
사용연령 8세 이상　**제조자명** 대일출판사
제조국 대한민국　**연락처** 02-766-2331
주소 서울특별시 동대문구 하정로 47(신설동) 4층 402호
주의사항 종이에 베이거나 긁히지 않도록 조심하세요.
책 모서리가 날카로우니 던지거나 떨어뜨리지 마세요.
KC마크는 이 제품이 공통안전기준에 적합하였음을 의미합니다.

요즘 어린이를 위한
1교시 논어수업

글 박민호 그림 신명환

대일출판사

머리말

어진 마음에 담긴 학문과 덕행, 신의를 일깨워 주는 귀한 책

《논어》는 고대 중국 사상가인 공자와 그 제자들의 말과 몸가짐을 적은 책입니다. 이 책은 공자의 제자인 유자와 증자의 제자들이 엮었다고 하는데 확실하지는 않습니다.

공자의 꿈이 담겨 있는 귀한 책인 《논어》는 사서의 하나로, 기독교의 《성경》과 불교의 《불경》처럼 유교의 경전이 되었습니다. 오랜 세월이 지난 오늘날에도 '사람이 변하지 않는 도리'로서 널리 읽히고 있습니다. '사서'란 유교의 경전인 《논어》와 《맹자》, 《중용》, 《대학》을 통틀어 이르는 말입니다. '경전'이란 성인이나 현인이 지은 책, 그분의 말과 행동을 적은 책, 또는 종교의 교리를 적은 책을 말합니다.

우리나라에서는 조선 시대에, 유학 교육을 맡아보던 성균관에 '논어재'를 두어 학자들에게 특별히 공부하고 연구하게 했습니다. 그만큼 《논어》는 사람이 수양하는 데 꼭 필요한 귀한 책입니다.

그 내용은, 사람이 세상을 살아가는 데 필요한 학문과 덕행, 정치와 훈도, 예절과 인의에 대한 공자의 가르침과 제자들의 인물평, 옛 성인들과 현인들의 업적 등 모두 20편으로 엮어져 있습니다.

공자의 가장 대표적인 사상은 '인(仁)'인데, 예의를 갖추어 남을 사랑하고 어질게 행동하라는 뜻이 담겨 있습니다. 공자는 사람이 수양할 때 그 바탕을 학문과 덕행에 두라고 가르쳤습니다. 또한 성실과 신의를 생활신조로 삼으라고 가르쳤습니다. 그리고 공자가 뜻하고 바라는 학문의 목표는 바로 군자가 되는 데 있습니다. '군자'란 지혜로 쌓은 학문이 높으며, 어질고 의롭게 다진 덕행이 깊은 사람입니다.

그 넓은 범위 가운데에서, 어린이 여러분이 사람으로서 품격을 갖추기 위해 몸과 마음을 닦는데 도움이 되는 귀한 글을 가려 뽑고, 어린이들이 알기 쉽게 눈높이를 맞추어 《요즘 어린이를 위한 논어 수업》으로 다시 엮었습니다.

어린이 여러분에게 이 책은, 학문을 익혀 쌓고 배운 덕행을 다지는 데 큰 도움이 될 것입니다. 또한 스스로 잘못을 고쳐 옳은 일에 앞장서는 정의로운 사람이 되고, 나보다 남을 더 배려해 주는 어진 사람이 되는 데에도 큰 도움이 될 것입니다.

박민호

차례

학문을 닦고 효도하는 길

군자란?	18
꾸미는 말과 얼굴빛	20
내 탓	22
성실과 신의를 근본으로	24
효제는 인의 근본	27
유자와 증자	29
효의 근본	30
참으로 학문을 좋아하는 사람	32
학문 없는 사색	34
지극한 효성	36

덕행을 쌓고 나라를 다스리는 길

덕으로 이끌고 예로 다스리면	42
마음과 행동을 바르게	44
스승의 자격	46
군자와 소인의 행동	49
공자의 가르침	51
배우고 함께 생각해야	55

신의가 없으면	57
참다운 용기	59
역시 잘된 것은 아니다	61
공자의 정치관	63

예절을 지키며 어질게 사는 길

무엇으로 평가하겠는가	72
인에 뜻을 두면	74
지혜로운 사람	75
맹자	77
부귀와 빈천	78
도를 들어 깨달으면	81
부끄러워할 일	83
군자와 소인의 생각 차이	84
이익만 보고 행동하면	86
참으로 불쌍한 인생살이	87
부모를 섬기면서	88
기쁘고도 걱정되는것	90
함부로 말하지 않는 이유	91
단단히 죄고 단속하는 사람	93

차례

덕이 있는 사람 ······ 94
물과 불보다 더 중요한 것 ······ 95
스승에게도 양보하지 마라 ······ 97
내가 하고 싶지 않은 일 ······ 99

몸과 마음을 닦으며 덕을 쌓는 길

수양의 지름길 ······ 102
부모가 살아 계시면 ······ 103
더디게 할 것과 재빠르게 할 것 ······ 104
스스로르 꾸짓는 사람 ······ 106
사이비 군자 ······ 108
요행이란 것 ······ 110
삶의 진리 ······ 112
참으로 아는 것 ······ 114

착하고 의롭게 사는 길

학문하는 세 가지 기본 원칙 ······ 124
올바른 사람이 되려면 ······ 126

옳지 않은 일이라면	128
의롭지 않으면	129
백이와 숙제	131
세 사람이 함께 길을 걸으면	133
인으로 가는 길	135
사치와 검약	136
군자와 소인의 마음	138
단 한 사람뿐	139

보람되고 성실하게 사는 길

공손하면서 예가 없으면	146
논의하지 말아야 할 것	148
학문하는 길	150
용맹을 좋아하고 가난을 싫어하면	151
참되고 성실하며 믿음이 가는 사람	153
젊은 사람이 두렵다	155
스스로 고치지 않는다면	157
군자가 갖추어야 할 세 가지 덕	159
중국의 고대 성인들	161
주왕, 미자·기자·비간, 강태공, 관중	172

옳고 바르고 지혜롭게 사는 길

남의 아름다움을 도와	176
벗을 사귀는 도리	178
자신이 올바르면	180
군자와 소인의 어울림	182
섬기기는 쉬워도	183
인에 가까워지는 길	185
말과 용기	186
군자이면서 어질지 못한 사람	188
진심으로 아끼고 사랑한다는 것	189
가난하고 부유하면서	192
총명하고 생각이 깊은 사람	194
나를 알아 준다면	196

말을 삼가며 실천하는 길

의리와 이익	202
부끄러워하지 않으며	204
말보다 행동을	206
품성이 좋아야 좋은 말	207

지혜있는 사람	209
자신을 죽여	211
먼 앞날을 걱정하지 않으면	213
남을 가볍게 꾸짓으면	214
세상에 남는 것	215
말을 잘한다고	216
교묘하게 꾸민 말은	217
공자의 수난	218

삼우, 삼묘, 삼건, 그리고…

이로운 벗과 해로운 벗	226
이로운 즐거움과 해로운 즐거움	228
선한 일을 보면	230
군자가 두려워해야 할 일 세 가지	231
군자가 생각해야 할 아홉 가지 일	233
여섯 가지 덕목	235
대장부와 졸장부	237
세상에 나서려면	239

위대한 성인

공자

창시자創始者 어떤 사상이나 학설 등을 처음으로 시작하거나 내세운 사람.

성인聖人 지혜와 덕이 매우 뛰어나 길이 우러러 본받을 만한 사람.

유가儒家 공자의 학풍과 학문을 믿고 받들며 연구하는 학자나 학파.

망명亡命 자기 나라에서 박해 받는 사람이 이를 피해 외국으로 몸을 옮김.

자字 본이름 외에 부르는 이름. 예전에, 이름을 소중히 여겨 함부로 부르지 않았던 관습이 있어. 남자가 스무 살에 어른이 된다는 의미로 상투를 틀고 갓을 쓰게 하던 의례를 치른 뒤에 본이름 대신 불렀다.

공자는 유교의 창시자입니다. 또한 예수, 석가모니, 소크라테스와 함께 세계 4대 성인 가운데 한 사람입니다.

유교는 요임금과 순임금으로부터 주공에 이르는 성인을 따르려고, 인(仁)과 예(禮)를 바탕으로 삼아, 악을 물리치고 선을 북돋아 마음과 몸가짐을 바르게 갈고닦아 품성과 지식과 덕을 높여[수신(修身)], 나라를 잘 다스리고 온 세상을 평안하게 하는 것[치국평천하(治國平天下)]을 실천 목표로 삼고 있습니다. '사서삼경'이 기본 경전인데, 유가에서는 중요한 경서 열세 종을 '십삼경'이라 합니다. 이 경서들 가운데, 《논어》, 《맹자》, 《중용》, 《대학》을 '사서'라 하고, 《시경》, 《서경》, 《역경》은 '삼경'이라 합니다.

공자의 조상은 송나라 귀족이었지만, 노나라로 망명했습니다. 아버지의 자는 숙량, 이름은 흘입니다. 어머니는 안씨 집안 사람인데, 이름은 징재입니다.

공자는 기원전 551년, 중국 춘추시대에 노나라 창평향 추읍에서 태어났습니다. 아버지는 공자가 세 살 때 세상을 떠나 가난하게 살아서 열다섯 살이 되어서야 본격적으로 공부를 시작했습니다. 그러나 아침에 도를 깨달으면 저녁에 죽어도 좋다고 할 만큼 열심히 배우고 익혔습니다. 나이가 들어서는 《주역》이라고도 하는 《역경》을 얼마나 열심히 읽었던지 책을 꿰맨 가죽 끈이 세 번이나 끊어졌다고 합니다. 공자 나이 열아홉 살에 가정환경이 비슷한 송나라 여인 기관씨와 결혼했지만, 스물네 살 되던 해에 어머니가 세상을 떠나고 말았습니다.

젊은 공자는 정한 스승 없이 여러 서당에 다니며 배웠고, 여러 학자들을 찾아가 두루 배웠습니다. 주나라로 가서 노자에게 예에 대해 물어 가르침을 얻기도 했습니다. 이렇게 해서 공자는 이삼십 대에 벌써 노나라에서 높은 학식을 인정받고 유명해져, 모여든 제자들을 각자 수준에 맞게 공부를 시켰습니다. 인이 무엇이냐고 물으면, 사람을 사랑하는 것, 자기가 하기 싫은 일을 남에게 시키지 않는 것이 인이라고 대답해 가르치는 식이었습니다.

그 가운데 덕행에 뛰어난 제자로는 안연과 민자건, 염백우, 중궁 같은 인물이 있고, 언어(말)를 잘하는 제자로는 재아와 자공 같은 인물을 꼽을 수 있으며, 정사에 뛰어난 제자로는 염유와 계로 같은 인물이 있고, 문학을 잘하는 제자로는 자유와 자하 같은 인물을 꼽을 수 있습니다. 또 여기에 나오는 덕행·언어·정사·문학을 '사과(四科)'라고 합니다. 이 제자 10명은 공자가 진채의 들판에서 위기를 당했을 때 함께 있었던 제자들로, '공자의 뛰어난 제자 10명'이라는 뜻으로 '공문십철', '사과십철'이라 합니다. 이 사과십철 가운데 공자의 학문의 전통을 이어받은 증자라고 하는 증삼과 자장은 그때 나이가 어려 빠져 있습니다.

젊어서 말단 관리였던 공자는 쉰 살이 지나서야 노나라의 뛰어난 정치가가 되었습니다. 공자는 자기가 꿈꾸던 예와 덕과 문으로 나라를 다스린 주공을 공경했습니다. 그러나 공자가 살던 춘추시대에는 전쟁과 난리가 계속 일어나, 힘센 나라가 약한 나라를 침략해서 백성들은 살기가 무척 힘들었습니다. '어질 인'의 실천이 백성들을 사랑하는 것이라고 생각한 공자는 이런 현실을 보고 정치에 관여하게 되었고, 정치가들에게 자기의 덕치주의를 이해시키려고 직접 벼슬을 맡아 자기 꿈을 이루려고 노력했습니다.

나이 사십 대 후반부터 오십 대 초반 때에는 중도의 장관이 되었고, 이어 대

덕행德行 어질고 너그럽게 실지로 드러나는 행동.

정사政事 정치에 관계되는 일.

덕치주의德治主義 덕망이 있는 사람이 도덕적으로 어두운 사람을 가르쳐서 좋은 방향으로 이끄는 것을 정치의 핵심 삼는 사상.

대사구大司寇 형조판서를 달리 이르던 말. 중국 주나라 때, 형법과 법으로 금지하는 일 등을 맡아보던 추관의 벼슬 이름에서 유래한다.

제후諸侯 봉건 시대에 일정한 영토를 가지고 그 영내의 백성을 지배하는 권력을 가지던 사람

육예六藝 고대 중국에서 가르치던 여섯 가지 과목인 예(禮), 악(樂), 사(射), 어(御), 서(書), 수(數)를 이르는 말.

품격品格 사람 된 바탕과 타고난 성품.

어록語錄 유학자가 설명한 유교 경서 등을 뒤에 제자들이 기록한 책.

도리道理 사람이 어떤 입장에서 마땅히 지켜야 할 바른 길.

칭송稱頌 칭찬해 일컬음. 또는 그런 말.

사구에 이르렀습니다. 그 뒤로 제후를 설득해 제나라가 빼앗은 노나라 땅을 돌려주도록 했고, 임금을 도와 모든 관원을 지휘하며 감독하는 최고의 행정관인 재상이 되어 나라를 잘 다스렸습니다. 그러나 노나라 정치에 실망한 공자는 제나라의 방해를 이유로 벼슬을 내놓았습니다.

제자들과 노나라를 떠난 공자는 어진 임금을 찾아 약 14년 동안 여러 나라를 두루 돌아다녔습니다. 그러면서 제후들에게 '도'와 '의'가 얼마나 중요한지를 강조하고, 혼란한 사회를 구하려고 노력했지만, 자기 뜻이 받아들여지지 않았습니다. 그러자 정치에 희망을 버리고 마지막 희망을, 책을 쓰고 제자를 기르는 데 두기로 결심하고 기원전 484년 예순여덟 살에 노나라로 돌아왔습니다. 《서경》과 《춘추》와 같은 고전들을 정리하면서 많은 제자들에게 육예를 가르쳤습니다. 특히 '인(仁)'을 기본으로 해서 사람이 지켜야 할 도리를 가르쳤습니다.

공자의 교육은 후세에 커다란 영향을 미쳤습니다. 그래서 사람들은 2500여 년이 지난 지금도 성인으로 받들어 모시고 있습니다. 이런 공자의 사상과 사람으로서의 품격은 제자들이 만든 중국 최초의 어록인 《논어》에 실려 있습니다.

사람이 지켜야 할 도리인 '도(道)'는 공자가 살아있는 동안 이루지 못했습니다. 그러나 후세에 한무제가 세상에 널리 알려 칭송한 뒤부터 지금까지도 중국 사상계를 지배하고 있으며, 후세의 임금들은 모두 벼슬을 내려 '왕' 또는 '성인'으로 더할 수 없이 극진하게 존경했습니다.

공자는 가난하게 자랐지만 열심히 공부해 익히고, 끊임없이 도를 갈고닦아 실천에 옮겨 마침내 수많은 사람들이 우러러 받드는 성인이 되었습니다. 이것에 대해 공자는 제자들에게,

"나는 태어나서부터 이것을 알았던 게 아니라, 옛 것을 좋아해 이걸 빨리 구

했을 뿐이라네."

하고 말했습니다. 또한 《논어》〈위정편〉에 보면, 공자는 늙으막에 자신의 학문과 자신이 어떻게 살아왔는지에 대해 제자들에게 말했습니다.

"나는 나이 열다섯 살에 학문에 뜻을 두었고, 서른 살에는 뜻이 확실하게 섰으며, 마흔 살이 되어서는 마음을 바로 잡아 어떤 유혹에도 흔들리지 않았고, 쉰 살에 하늘이 나에게 내리신 명이 무엇인지를 깨달아 알게 되었으며, 예순 살에는 남의 말을 들으면 곧 그 이치를 깨달아 이해하게 되었고, 일흔 살이 되어서야 비로소 무엇이든 하고 싶은 대로 해도 법도에 어긋나지 않았다네."

생활에서도 예술적이고, 예의에 어긋나지 않은 스승을 존경해 제자 안회는,

"스승님의 높으신 도는 우러러보면 볼수록 더욱 높고, 뚫어지게 보면 볼수록 쇠와 돌같이 더욱 굳건하셨다."

라고 했습니다. 또한 제자 유약도 이렇게 말했습니다.

"세상에 태어난 사람 가운데 스승님보다 더 훌륭한 사람은 없다."

공자의 근본사상은 바로 '인(仁)'입니다. 이 '인'은 온 세상 사람들이 몸을 바로 세우고 '도'를 실천하는 중심이며, 공자의 이상이기도 해서,

"극기복례(克己復禮) 곧 자기 자신을 이기고 예에 따르는 삶이 곧 인이라네."

하고 제자들에게 말했습니다. 그러려면 손윗사람을 공손하게 모시면서 효제를 실천해야 한다고 가르쳤고, 이것을 '인'의 출발점으로 삼았습니다. 그래서 요임금과 순임금의 정치를 후세의 모범으로 삼았습니다.

공자의 문하에는 제자 3천여 명이 있었는데, 그 가운데 뛰어난 제자가 72명이었습니다. 세상 사람들은 이 제자들을 '칠십이현'이라 부르고, 그 가운데에서도 안회 등 10명을 '십철'이라 불렀습니다. 이 제자들은 모두 공자의 사상을

학문學問 어떤 분야를 체계적으로 배워서 익힘.

효제孝悌 부모에 대한 효도와 형제에 대한 우애를 통틀어 이르는 말.

문하門下 가르침을 받는 스승의 아래.

덕德 인간으로서의 도리를 행하려는 어질고 올바른 마음이나 훌륭한 인격.

전하는 데 큰 역할을 했습니다. 그러나 제자들 가운데 공자가 '어진 사람'이라는 뜻으로 '인자'라고 부른 제자는 안회뿐이었습니다. 공자보다 서른 살 아래였지만, 학문과 덕이 특히 높아 공자도 안회를 '학문을 좋아하는 사람'이라고 칭찬했고, 가난한 생활을 이겨내고 도를 즐긴 것을 칭찬했습니다. 또한 안회도,

"자기를 누르고 '예'로 돌아가는 것이 곧 '인'이다. 예가 아니면 보지도 말고, 듣지도 말며, 말하지도 말고, 행동하지도 말아야 한다."

라면서 공자의 가르침을 따랐습니다. 이런 안회의 사람됨을 보고 공자는,

"안회는 그런 마음으로 석 달 동안 실천하기 정말 힘든 '인'을 어기지 않았다네."

라고 칭찬하면서 제자들 가운데 가장 아끼고 사랑했습니다.

이럴 즈음, 사랑하는 아들 이가 쉰 살에 먼저 세상을 떠나고 말았습니다. 이의 아들 급은 뒤에 유교 경전의 하나인 《중용》을 지었습니다. 뒤이어 아끼는 제자 안회와 자로가 잇달아 세상을 떠나 공자는 깊은 슬픔에 잠겼습니다.

이와 같이 공자의 사상은 철학, 윤리, 정치, 교육을 통합해 스스로를 갈고 닦은 뒤에 남을 다스린다는 '수기치인'의 도를 지켰습니다.

공자는 기원전 479년 일흔세 살에 자공과 증자 등 제자들이 지켜보는 가운데 세상을 떠났습니다. 제자들은 노나라 서울 북쪽에 장사를 지내고 떠나, 3년 동안 상복은 입지 않았지만 자기 부모가 세상을 떠난 것처럼 마음을 바로하고 말과 행동을 조심했습니다. 그런데 자공만은 무덤 가 여막에서 6년을 살았습니다.

여막廬幕 무덤 가까이에 짓고, 부모나 조부모가 세상을 떠나 상 중에 있는 사람이 머무는 초가집.

증자가 전한 공자의 학문과 가르침은, 공자의 손자 자사를 거쳐 맹자에게 전해졌습니다.

학문을 닦고 효도하는 길

- 군자란?
- 꾸미는 말과 얼굴빛
- 내 탓
- 성실과 신의를 근본으로
- 효제는 인의 근본
- 유자와 증자
- 숨은 덕을 쌓아서
- 효의 근본
- 참으로 학문을 좋아하는 사람
- 학문 없는 사색
- 지극한 효성

논어 수업 》 학문을 닦고 효도하는 길

군자란?

배우고 때로 익히면, 또한 기쁘지 아니한가.
벗이 있어 먼 곳에서 찾아오면, 이 또한 즐겁지 아니한가. 남이 나를 알아주지 않아도 성내지 않으면, 또한 군자가 아니 겠는가.

學而時習之면 不亦說乎아. 有朋이 自遠方來면
학이시습지　　불역열호　　유붕　　자원방래

不亦樂乎아. 人不知而不慍이면 不亦君子乎아.
불역락호　　인부지이불온　　불역군자호

성현聖賢 지혜와 덕이 매우 뛰어나 길이 본받을 만한 사람인 성인(聖人)과 어질고 총명해 성인에 다음가는 사람인 현인(賢人)을 아울러 이르는 말.

명망名望 널리 알려진 이름과 덕.

군자君子 실제로 드러나는 행동이 점잖고 어질며 덕과 학식이 높은 사람.

　학식과 덕이 높은 스승에게, 옛 성현의 가르침을 공부하는 것은 기쁜 일입니다. 그런데 배운 것을 스스로 열심히 익히고 실천해서 인격을 완성시켜 나간다면, 얼마나 기쁜 일이겠습니까. 또 스승의 명망을 듣고 가까이 있는 친구들이 모여 공부하는 것은 즐거운 일입니다. 그런데 멀리 있는 친구들까지 와서 함께 학문과 덕을 배우고 함께 토론한다면, 얼마나 즐거운 일이겠습니까. 그러나 다른 사람이 내 학식이나 덕행, 능력을 인정해 주지 않으면 무척 서운합니다. 그렇게 해도 서운하지 않고 마음이 흔들리지 않는다면, 마땅히 군자 아니겠습니까.

이 글은 《논어》의 제1편 〈학이편〉 첫머리에 실려 있는 공자의 가르침입니다. 이 부분은 《논어》의 총론이며 결론이라고도 할 수 있습니다.

공자의 가르침은 사람이 수양할 때 학문과 덕행을 닦는 것에 바탕을 두고 있습니다. 곧 훌륭한 스승에게 학문과 덕을 배워 익힌 뒤에, '스스로 열심히 자기 몸과 마음을 닦고 수양해서 집안을 바로 잡아(수신제가修身齊家), 나라를 잘 다스려 온 세상을 편안케 해야 한다(치국평천하治國平天下)'고 했습니다. 이렇게 학식과 덕행이 높아 깊이 생각하고 예리하게 판단하는 능력을 지닌 사람이 '군자'입니다. 공자는 바로 이런 군자를 기르는 데 목적을 두었다고 할 수 있습니다.

중국 천하가 전쟁과 난리에 휩싸인 춘추 시대에 태어난 공자는 '무력'이 아닌 '어진 덕'인 '인덕'으로 혼란한 사회를 바로잡으려고 애썼습니다. 이 인덕의 정치를 실현하려면 바람직하고 새로운 인간형인 '군자'가 필요했습니다.

《논어》의 '논(論)'은 '논의하다'를 뜻하고 '어(語)'는 '말씀' 또는 《논어》를 뜻합니다. '공자'의 '공(孔)'은 '구멍' 또는 '공자'를 뜻하고, '자(子)'는 '아들'을 뜻하는데, '공자의 높임말'로도 쓰이고, 공자처럼 '훌륭한 선생님'을 뜻합니다.

총론總論 어떤 부문의 일반적 이론을 한데 모아 서술한 해설.

수양修養 몸과 마음을 갈고닦아 품성이나 지식, 도덕 등을 높은 경지로 끌어올림.

 한자 정리

學 배울 학
아이가 두 손으로 책을 들고 가르침을 본받아 깨우친다고 해서 '배우다'를 뜻함.

習 익힐 습
어린 새가 날개(羽)를 퍼드덕거려 스스로(自→白) 날기를 연습한다고 했다. '익히다'를 뜻함.

仁 어질 인
뜻을 나타내는 사람인변(亻=人)과 음(音)을 나타내는 이(二)가 합해 이루어짐. 두 사람이 친하게 지냄을 뜻하고 '어질다'라는 뜻으로 쓰임. 특히 공자가 인(仁)을 도덕의 중심으로 삼은 뒤로, 자기에게는 엄하게 하지만 남에게는 어질게 하는 정신을 인(仁)이라고 설명함.

논어 수업 》 학문을 닦고 효도하는 길

꾸미는 말과 얼굴빛

듣기 좋게 말을 잘 꾸미고
보기 좋게 얼굴빛을 잘 꾸미는 사람치고,
어진 사람은 드물다.

巧言令色이 鮮矣仁이니라.
교 언 영 색   선 의 인

《논어》〈학이편〉에 실려 있는 글입니다.

교묘하게 꾸며대는 말은 바른 마음에서 우러나오는 참된 말이 아닙니다. 또 마음속으로는 엉뚱한 생각을 하고 있으면서도 대하는 사람의 기분을 맞추려는 거짓된 말입니다. 보기 좋게 얼굴빛을 꾸며 아첨하는 표정 또한 참된 마음이 담긴 표정이 아닙니다.

마음속으로는 대하는 사람이 못마땅하면서도, 거짓 미소로 대하는 사람에게 호감을 주려고 가면을 쓴 얼굴빛입니다.

이런 교언과 영색은 어진 사람의 적입니다. 뿐만 아니라 마음속에 깊은 함정을 만들어, 대하는 사람이 안심하고 그곳으로 다가오게 해서 근심과 재난의 구렁텅이에 빠뜨리려는 나쁜 뜻이 담겨 있는 것입니다.

참된 마음을 저버리고 남을 대하는 이런 사람을 사귄다면 한때는 기분이 좋을 것입니다. 그러나 실제로는 아무런 도움이 되지 않습니다.

우리는 사람을 사귈 때, 참된 마음으로 대해야 합니다. 또한 사람을 대할 때는 공명정대하게 대하라고 일러 주고 있습니다.

공명정대 公明正大하는 일이나 태도가 사사로움이나 그릇됨이 없이 아주 정당하고 떳떳함.

巧 공교할 교
뜻을 나타내는 장인공(工- 만들다)과 음을 나타는 교(丂)로 이루어짐. 솜씨 등이 '공교하다'는 뜻.

言 말씀 언
신(辛)과 구(口)가 합해 이루어짐. 신(辛)은 찔손이 있는 날붙이의 모양이고, 구(口)는 맹세의 문서(文書)라는 뜻임. '삼가 말하다'의 뜻을 나타냄.

令 하여금 영 (령)
일을 시키려 사람들을 모아놓고[집(亼)] 분부하며 그 사람들은 무릎을 꿇고 [절(卩)] 복종(服從)한다는 뜻이 합해 '명령(命令)하다'를 뜻함. '시키다'의 뜻으로도 쓰임.

色 빛 색
사람(人)과 무릎마디라는 뜻인 병부절(卩=㔾)이 합해 이루어짐. 사람의 마음과 얼굴빛은 '병부절(卩=㔾)'과 같다는 '안색', '빛깔'을 뜻함.

논어 수업 》 학문을 닦고 효도하는 길

내 탓

남이 나를 알아주지 않는다며 걱정하지 말고,
내가 남을 알지 못하는 것을 탓해야 한다.

不患人之不己知요 患不知人也니라.
불 환 인 지 불 기 지   환 불 지 인 야

   사람들은 거의 나 자신은 남을 이해하려 들지 않으면서도, 남이 나를 이해해 주기만 바랍니다. 어찌 보면 이것은 사람이 흔히 가질 수 있는 생각인지도 모릅니다. 그러나 이것은 잘못된 생각입니다. 오히려,
   '내가 얼마나 부족한 사람인가? 나는 왜 남의 사람됨을 몰라보나?'
하고 스스로에게 물어 찾아낸 대답으로 반성을 해야 합니다.
   사실 우리가 사회생활을 하면서, 남이 나를 알아주지 않다고 걱정할 것이 아닙니다. 나를 먼저 돌아보고 잘못 된 점을 알아내서 고쳐야 합니다. 그리고 좁은 생각에서 벗어나야 합니다. 그래서 잘 다듬어진 나는, 나보다 남을 더 생각해 주고 남을 더 알아주며 남을 더 잘 보살펴주는 마음이 넓은 사람이 되어야 합니다.
   이 글은 《논어》〈학이편〉 끝 부분에 실려 있습니다. 공자는 첫머리에서도,
   '남이 나를 알아주지 않아도 성내지 않으면 또한 군자가 아니겠는가'

라고 했습니다. 같은 뜻으로 〈학이편〉을 시작해서 끝을 맺고 있습니다.

남이 나를 알아주지 않아도 마음이 흔들리지 않고 태연하게 지내기는 무척 어렵습니다. 그러나 거듭 되씹고 생각하며 겸손하게 마음을 갈고닦는다면 그렇게 어렵지 않습니다.

태연泰然 마땅히 머뭇거리거나 두려워할 때 태도나 얼굴빛이 아무렇지도 않은 듯이 예사로움.

겸손謙遜 남을 존중하고 자기를 내세우지 않음.

 한자 정리

患 근심 환
뜻을 나타내는 마음심[心(=忄, 㣺)-마음, 심장]부와 음을 나타내는 동시에 괴로움의 뜻을 나타내기 위한 관(串→환)으로 이루어짐. 마음에 걱정이 생기는 '근심'을 뜻함.

人 사람 인
사람이 허리를 굽히고 서 있는 것을 옆에서 본 모양을 본뜬 글자. 옛날에는 사람을 나타내는 글자를 여러 가지 모양으로 썼지만 뜻의 구별은 없었음. '사람'의 뜻.

之 갈 지
땅에서 풀이 자라는 모양, 전해 간다는 뜻인 '가다'로 씀. 음을 빌어 '대명사', '어조사'로도 씀.

논어 수업 » 학문을 닦고 효도하는 길

성실과 신의를 근본으로

군자는 말과 행동이 무겁지 않으면 위엄이 없으니,
이런 사람은 배워도 굳세고 단단하지 못하다.
성실과 신의를 근본으로 해서 중심이 되게 하고,
자기 자신보다 못한 사람을 벗으로 사귀지 말며,
잘못이 있거든 꺼리지 말고 곧바로 고쳐야 한다.

君子不重則不威니 學則不固니라.
군자부중즉불위   학즉불고

主忠信하며 無友不如己者요 過則勿憚改니라.
주충신   무우불여기자   과즉물탄개

공자는 여기에서도 덕행이 학문에 앞서야 한다고 강조합니다. 이어서 몸과 마음을 닦는 방법을 가르치고 있습니다.

사람이 사람됨에 무게가 없으면 위엄도 없습니다. 말과 행동이 가벼우면 사람됨의 무게도 가볍다는 뜻입니다. 이런 근본 바탕이 마련되지 않은 사람이라면, 아무리 학문을 높이 쌓는다고 해도 사상누각과 같습니다. 그러므로 학문에 앞서 그 토대가 되는 덕행이 먼저 몸에 배이게 해서 자연스럽게 실천해야 합니다. 이 말은 공부를 하기에 앞서 사람이 되어야 한다는 뜻입니다.

위엄威嚴 존경할 만한 위세가 있어 점잖고 엄숙함. 또는 그런 태도나 기세.

사상누각沙上樓閣 모래 위에 세운 누각이라는 뜻으로, 기초가 튼튼하지 못하여 오래 견디지 못할 일이나 물건을 이르는 말.

'성실과 신의를 근본으로 해서 중심이 되게 하고'라는 말은, 이 두 가지를 우리의 생활신조로 삼으라는 것입니다. 성실과 신의를 실천하는 것은 바로 사람됨의 무게를 더하는 길입니다.

'나보다 못한 사람을 벗으로 사귀지 말며'라는 말은, 오늘날 모든 사람이 평등하고, 무엇보다도 사람이 당연히 가지는 기본 권리인 인권을 존중해야 하는 민주주의 사회에서는 전혀 어울리지 않는 말입니다. 그러나 나보다 나은 사람과 사귀면 내가 그만큼 발전하게 되고, 나보다 못한 사람을 사귀면 내가 그만큼 못 얻을 것은 당연합니다.

그렇다고 우리가 벗을 사귈 때마다 한 사람 한 사람 그 자격을 따지고 가려서 사귈 수만은 없습니다. 또한 우리가 가려 생각해야 할 것이 있습니다. 공자가 여기에서 말하는 벗은, 군자가 함께 학문을 배우는 벗을 두고 하는 말입니다. 공자는 이상적인 사람을 학식과 덕행이 높은 군자라고 한 것을 생각하면 이해할 수 있습니다. 그러므로 오늘날 우리가 사람들을 대하거나 사귈 때 나보다 못한 사람을 가까이하지 말라는 뜻은 아닙니다. 다만 우리는 몸가짐이 착하지 못하거나 성질이 사납고 악해서 남에게 못된 짓을 하거나 사회에 폐를 끼치는 사람은 사귀지도 말아야 하며, 경계하여야 한다는 것입니다.

우리 속담에 '제 흉 열 가지 가진 사람이 남 흉 한 가지를 본다'라는 말이 있습니다. 많은 결점을 가진 사람이 다른 사람의 작은 결점을 들어 나쁘게 말한다는 것을 비꼬는 말입니다.

사람이란 남 흉보기를 좋아하지만, 그 반대로 내 흉은 고치려고 하지는 않습니다. 사람이라면 누구나 잘못을 저지르게 마련입니다. 그러나 저지른 제 잘못을 곧바로 반성하고 잘못을 고치는 사람은 얼마나 될까요?

이런 우리에게 '잘못이 있거든 꺼리지 말고 곧바로 고쳐야 한다'라는 말은,

생활신조生活信條 생활을 해 나가는 데 있어서 교의처럼 어김없이 지키고자 하는 조항.

폐弊 남에게 끼치는 신세나 괴로움.

경계警戒 옳지 않은 일이나 잘못된 일들을 하지 않도록 타일러서 주의하게 함.

참으로 좋은 말이고 크게 깨우침을 주는 말입니다. 누구나 자기가 저지른 잘못을 깨닫는 순간, 머뭇거리며 망설이지 않고 바로잡는다면, 그 사람은 그 잘못 때문에 더욱 올바르게 된 자기 모습을 발견할 것입니다.

한자 정리

重 무거울 중, 아이 동
음을 나타내는 동(東→중)과 사람(人)이 무거운 짐을 짊어지고 있다는 뜻이 합해 '무겁다'를 뜻함. 중(重)은 물건을 들어 올리거나 움직이거나 동(動)할 때 손에 오는 느낌→무게→무거움. 또 일을 충분히 하다→겹친다는 뜻에도 씀. 또 동(童)이라고 써서 중(重)을 나타내는 경우도 많았음.

효제는 인의 근본

효제는 부모에 대한 효도와 형제에 대한 우애를 통틀어 이르는 말입니다. 더 넓게 말하면 어른을 공경하고 친구를 사랑하라는 뜻입니다. '인'은 공자의 중심 사상이고, 가르치는 데 첫째 목표였습니다. 그런데도 공자는 '인'이 '바로 이런 것이다'라고 말하지는 않았습니다. 그러나 공자의 제자 유자는,

'그 사람됨이 효성스럽고 공손한 사람 가운데, 윗사람에게 거역하기를 좋아하는 사람은 적고, 윗사람에게 거역하기를 좋아하지 않으면서 난동일으키기를 좋아하는 사람은 이제까지 없었다. 군자는 근본에 힘쓸 뿐만 아니라 근본이 확립되어야 길이 생긴다. 효와 공손함이 인을 이루는 근본이다.'

라고 말했습니다.

'효와 공손함은 바로 인이다'라는 말은, 인이란 바로 효제를 실천하는 것이라는 말입니다. 말하자면 부모에게 효도하고 형제끼리 우애 있게 지내며, 어른을 공경하고 친구를 사랑하며 지내는 것이 곧 인이라는 뜻입니다. 그래서 공자도 '집에서는 부모에게 효도하고, 밖에 나가면 남을 공손히 대하고 어른을 공경하라'고 말했으며, 학문을 닦기에 앞서 먼저 성실과 신의를 굳게 믿고 지켜서 덕행, 다시 말해서 어질고 너그러운 몸가짐과 행동을 실천하라고 강조했습니다.

또한 이 성실하고 신의 있는 삶에 대해 공자의 제자 증자는,

'나는 하루에 세 번씩 나 스스로를 반성한다. 남을 위해 일할 때 성실치 못하지 않았는가? 벗과 사귈 때 신의가 없지 않았는가? 내가 익히지 않은 것을 남에게 전하지 않았는가?'

우애友愛 형제간 또는 친구 간의 사랑이나 정.

거역拒逆 윗사람의 뜻이나 지시 따위를 따르지 않고 거스름.

확립確立 체계나 견해. 조직 따위가 굳게 섬. 또는 그렇게 함.

라고 말했습니다. 성실하고 신의 있게 산다는 것은, 바로 원만하고 바람직한 사회생활을 한다는 뜻입니다. 성실하지 못한 생활을 하거나 신의를 저버리면, 사람들에게 버림을 받습니다.

'내가 익히지 않은 것을 남에게 전하지 않았는가?'라는 말은, 자기 자신의 몸과 마음을 갈고닦아 기르기 위해 마음속으로 반성하는 것입니다. 자기 자신의 사람됨을 위한 반성이 없고, 자기 발전이 멈춘 사람은 생명을 잃은 것과 마찬가지입니다.

각자 앞에는 자신이 해야 할 일이 너무나 많습니다. 지식을 넓히고 기술을 닦고 익히기는 끝이 없습니다. 심성을 닦아 덕성을 기르는 일, 완전한 사람으로 커 가기 위한 노력……. 일생을 몇 번 되풀이해도 완전한 사람이 되기는 어렵습니다.

그러나 우리는 '촌음을 아껴서 열심히 공부해라' 하는 말을 가슴 깊이 새기고 열심히 노력해야 합니다. 꾸준히 스스로를 갈고닦아서 지식과 기능과 능력을 갖춘 인격을 쌓아 올려야 합니다.

'인'을 한 마디로 말하면 사람을 사랑하는 '인간애'입니다. 그러므로 인은, 부모에게 하는 효도로 출발해서 남을 공손히 대하고 어른을 공경한다면 반드시 온 세상 모든 사람들에게 두루 번져나갈 수 있습니다.

우리가 배우는 목적은 착하고 어진 사람이 되려는 데 있고, 백 가지 몸가짐의 근본인 효제를 실천하는 사람이 되려는 데 있습니다. 이런 사람만이 공자의 '인'을 따르고 구할 자격이 있습니다.

● 인물 소개

유자와 증자

두 사람은 공자의 제자였습니다.

유자는 성이 유, 이름은 약인데, 《논어》에서는 '유자'로 불립니다. 유자는 노나라 사람으로 공자보다는 열세 살 아래였고, 그 모습이 스승인 공자와 비슷했습니다. 그래서 공자가 세상을 떠나자, 제자 가운데 모습이 가장 비슷한 유자를 공자 대신 모시자는 의견이 나왔습니다. 그러나 증자가,

"가을 햇볕에 깨끗이 바랜 비단 같은 스승님을 다른 사람과 비교할 수는 없습니다. 이건 스승님을 모독하는 겁니다."

하며 적극 반대했습니다. 그래서 이 의견은 없었던 것으로 되고 말았습니다.

이만큼 유자는 제자들 가운데서 뛰어났고, 많은 사람들에게 존경을 받았습니다.

증자는 성이 증, 이름은 삼이고, 자는 자여입니다.

노나라 사람으로, 기원전 506년에 태어나 기원전 436년에 세상을 떠났는데, 공자보다 마흔여섯 살 아래였습니다.

증자는 효자로 이름이 높았고, 《논어》에서도 중요한 위치를 차지하고 있으며, 안회와 함께 공자가 사랑하던 제자였습니다.

뒷날, 증자가 전한 스승 공자의 학문과 가르침은, 공자의 손자 자사를 거쳐 맹자에게 전해졌습니다.

어느 날, 제자들이 모이자 공자가,

"삼(증자의 이름)아, 내가 말하고 행하는 도에는 언제나 일관된 원리가 있다."

라고 말했습니다. 다른 제자들은 그 참뜻을 몰라 생각에 잠겼습니다.

이때 선뜻 나선 증자가,

"네."

하는 말에, 고개를 끄덕인 공자가 미소를 흘리며 나가자 다른 제자들이,

"그게 무슨 뜻입니까?"

라고 묻자 증자가,

"부자의 도는 오직 충서일 뿐입니다."

라는 해설로 대답해 다른 제자들을 놀라게 했다는 이야기는 유명합니다.

모독冒瀆 말이나 행동으로 더럽혀 욕되게 함.

일관一貫 하나의 방법이나 태도로써 처음부터 끝까지 한결같음.

부자夫子 자기를 가르쳐서 인도하는 사람인 '스승'을 높여 이르는 말. '공자'를 높여 이르는 말.

충서忠恕 충성과 용서라는 뜻으로, 충직하고 동정심이 많음.

논어 수업 » 학문을 닦고 효도하는 길

효의 근본

아버지가 살아계실 때에는
아버지 뜻을 살펴볼 수 있고,
아버지가 돌아가셨을 때는
아버지가 어떤 행동을 했는지 살펴볼 수 있으니,
삼년상을 치를 동안에는 아버지가 한 일을 고치지
말아야 효라고 할 수 있다.

父在에 觀其志요 父沒에 觀其行이니
부 재   관 기 지   부 몰   관 기 행

三年을 無改於父之道라야 可謂孝矣니라.
삼 년   무 개 어 부 지 도   가 위 효 의

《논어》〈학이편〉에 실려 있는 글입니다.

효행은 모든 행동의 근본입니다. 그러므로 한 사람의 사람됨을 평가할 때 효를 기준으로 삼을 수 있습니다.

아버지가 살아계신 동안에는 그 아들은 무슨 일이든 자기 마음대로 처리하지 않고 아버지 뜻을 따라야 합니다. 이때 아버지 뜻에 기꺼이 따르면 효자요, 불평불만을 터뜨리고 따르지 않으면 불효가 됩니다.

효행孝行 부모를 잘 섬기는 행실.

그리고 아버지가 돌아가신 뒤에는 그 아들은 모든 일을 자기 마음대로 처리할 수 있습니다. 이때 아버지가 살아계실 때와 같이 한결같으면 효자요, 아버지 뜻을 저버리면 불효입니다.

그런 뒤에 삼년상을 치르는 동안 아버지 뜻과 아버지가 하던 방법, 아버지가 하던 일 등을 고치지 말아야 비로소 효자라고 할 수 있습니다.

그런데 우리는 여기서 현실 생활을 돌이켜볼 필요가 있습니다. 아버지 뜻에 불평불만은 그만두고라도, 심하게 거역하는 일은 없는지 말입니다. 아버지가 세상을 떠나면 기회가 왔구나 하고 아버지가 하던 사업을 다른 것으로 바꾸거나, 또는 아버지가 즐겨하던 방법을 당장 뜯어고치는 일은 없는지 말입니다.

우리는 이런 일로 집안일을 그르치거나, 사업에 실패하고 가슴을 퍽퍽 치며 후회하는 일이 없어야 합니다. 참으로 깊이깊이 생각해 보아야 합니다.

불평불만 不平不滿 마음에 들지 않아 못마땅하여 마음에 차지 않음.

한자 정리

行 다닐 행, 항렬 항
척(彳-왼발의 걷는 모양)과 촉(亍-오른발의 걷는 모양)이 합해 좌우의 발을 차례로 옮겨 '걷는다'의 뜻과 '행하다'의 뜻을 나타냄. 나중에 '가다', '하다', '행하다'라는 뜻과 '항렬(行列)', '같은 또래'라는 뜻의 두 가지로 나누어짐.

無 없을 무
커다란 수풀[부수(部首)를 제외한 글자]에 불(火)이 나서 다 타 없어진 모양을 본뜬 글자로 '없다'를 뜻함. 유무(有無)의 무(無)는 '없다'를 나타내는 옛 글자. 먼 옛날에는 유(有)와 무(無)를 우(又)와 망(亡)과 같이 썼음. 음이 같은 무(舞)와 결합해 복잡한 글자 모양으로 쓰였다가 쓰기 쉽게 한 것이 지금의 무(無)가 됨.

孝 효도 효
로[耂-노인)]와 자(子-아들)가 합해 이루어짐. 아들이 어버이나 할아버지, 할머니를 받들어 모시고 섬김의 뜻에서 부모나 조상을 잘 섬김을 나타냄. '효도', '부모를 섬기다'의 뜻으로 쓰임.

논어 수업 》 학문을 닦고 효도하는 길

참으로 학문을 좋아하는 사람

군자는 음식을 먹을 때 배부르기를 바라지 않고,
거처하는 데 편안하기를 바라지 않으며,
일에는 민첩하고 말에는 조심을 다하며,
의문이 생길 때 도와 덕이 높은 스승에게 가서
그 옳고 그름을 물어 바로잡는다면, 이런 사람은
배우기를 좋아하는 사람이라고 말할 수 있다.

君子食無求飽하고 居無求安하며 敏於事而愼於言이오
군 자 식 무 구 포   거 무 구 안   민 어 사 이 신 어 언

就有道而正焉이면 可謂好學也已니라.
취 유 도 이 정 언   가 위 호 학 야 이

이 글은 《논어》 〈학이편〉에 실려 있습니다.

군자는 널리 대중을 사랑해서, 자기만 배부르고 편안한 거처와 생활을 바라지 않습니다. 그리고 군자는 옳고 좋은 일인 줄 알면 곧바로 재빠르게 실천에 옮기지, 말부터 앞세우는 일이 없습니다.

또한 군자는 도가 높고 덕이 깊은 어진 스승을 따르면서, 자기 자신의 잘못을 바로잡는 노력을 게을리 하지 않습니다.

대중 大衆 수가 많은 여러 사람. 일반 사람.

거처 居處 일정하게 자리를 잡고 사는 일. 또는 그 장소.

공자는 제자들에게,

'가난해도 아첨하지 않아야 하고, 부유해도 교만하지 않아야 하지만, 가난해도 즐거워하며 부유해도 예절을 숭상해야 한다네.'

하고 가르쳤습니다.

숭상崇尙 우러러 높이어 소중히 여김.

이런 사람이야말로 참으로 학문을 좋아하는 사람입니다. 이런 사람은 훌륭한 스승에게 배워 익혀 갈고닦은 도가 높고, 갈고닦은 덕이 깊습니다. 이런 사람이 바로 군자입니다.

 한자 정리

君 임금 군
뜻을 나타내는 입구(口-입, 먹다, 말하다)와 음을 나타내는 윤 또는 군(尹)이 합해 이루어짐. 음을 나타내는 윤 또는 군은 손에 무엇인가를 갖는 모양으로 천하(天下)를 다스리다. 구(口)는 입 또는 말 또는 기도하다임. 그러므로 군(君)은 하늘에 기도(祈禱)해 하늘의 뜻을 이어받아 천하를 다스리는 사람임. '임금', '군자'의 뜻으로 쓰임.

논어 수업 》 학문을 닦고 효도하는 길

학문 없는 사색

내가 일찍이 하루 종일 먹지 않으며,
밤새 자지 않으면서 사색해 보았지만,
유익한 것은 없었고, 공부하느니만 못했다.

吾嘗終日不食하며 終夜不寢해서 以思하니
오 상 종 일 불 식   종 야 불 침   이 사

無益이라 不如學也로다.
무 익   불 여 학 야

《논어》〈위령공편〉에 실려 있는 글입니다.

학문이 바탕에 깔려 있지 않으면 사색은 헛된 공상이 되고 맙니다. 그러므로 학문과 사색은 나란히 함께 해야 합니다.

쓸데없는 공상은 마음만 어지럽힐 뿐 나에게는 전혀 발전을 주지 않고, 살뜰한 사색이 따르지 않는 학문은 마음속까지 스며들지 않아 나에게는 알찬 영양소가 되지 않기 때문입니다.

그래서 학문에 힘쓰면서 반드시 깊이 있는 사색이 뒤따라야 합니다.

다시 풀어 말하면, 배우기만 하고 생각하지 않는다면 모든 일의 이치에 어

사색思索 어떤 것의 이치를 따지어 깊이 생각함.

공상空想 실현될 가망이 없는 헛된 일을 생각하는 일.

둡고, 생각만 하고 배우지 않으면 확실한 지식을 얻지 못합니다. 그래서 배우며 생각하고 또 생각하며 배워야 하는 것입니다.

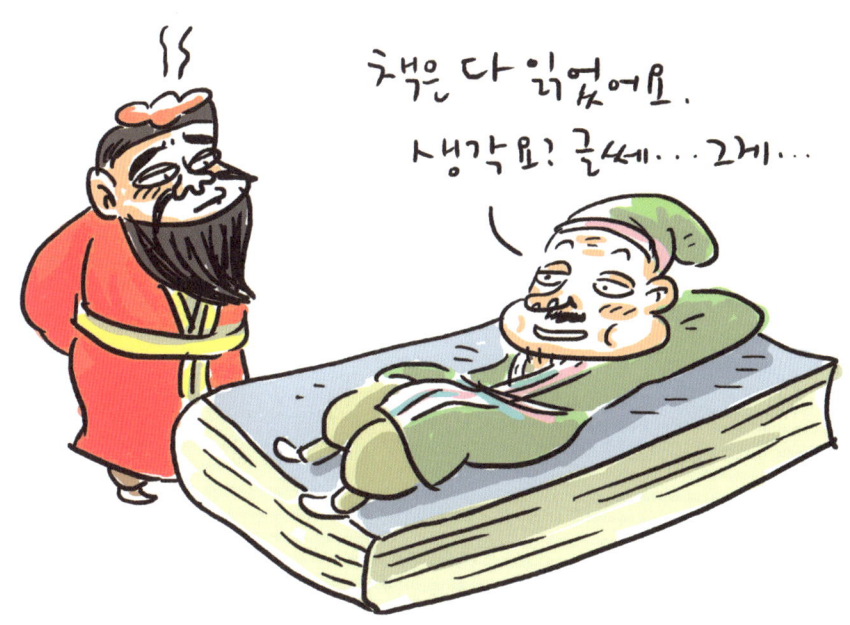

 한자 정리

不 아닐 부, 아닐 불
꽃의 씨방 모양. 씨방이란 암술 밑에 불룩한 곳으로 과실(果實)이 되는 부분인데, 나중에 ~하지 않다, ~은 아니다라는 말을 나타내서 '아니다'의 뜻으로 쓰게 되었음. 그래서 새가 날아 올라가서 내려오지 않음을 본뜬 글자라고 설명하게 되었음.

以 써 이
사람이 연장을 사용해 밭을 갈 수 있다는 데서 '~로써', '까닭'을 뜻함.

終 마칠 종
뜻을 나타내는 실사[(糸)-실타래]부와 음을 나타내는 동(冬→종)이 합해 이루어짐. 동(冬→종)과 바느질을 다 하고 나서 실을 매듭짓는다는 뜻이 합해 '마치다'를 뜻함. 동(冬-겨울)은 네 계절의 끝이므로 실사부를 덧붙여 감긴 실의 끝이 되고 널리 끝의 뜻으로 되었음.

지극한 효성

증자는 공자보다 마흔여섯 살이나 아래였고, 늦게 공자의 제자가 되었습니다. 그러나 학문과 덕행이 뛰어나 공자의 학문을 물려받아 후세에 전했습니다.

어느 날, 제자들이 모인 자리에서 증자가,

"새는 죽을 때 그 울음소리가 애처롭고, 사람은 죽을 때 그 말이 선하다네. 군자가 소중히 여겨야 할 도 세 가지가 있네. 행실 곧 몸가짐에는 난폭하지 말고 거만하지 말아야 하며, 얼굴빛은 바르게 해서 신의가 있어야 하며, 말할 때는 천하지 않고 속되지 않으며 억지가 없어야 한다네."

거만倨慢 거드름. 교만. 잘난 체하며 남을 업신여기는 데가 있음.

라고 말했습니다. 듣는 제자들 가슴에 깊이깊이 스며드는 훌륭한 말입니다.

사람의 온갖 불의와 부정과 겉치레는 살기 위해 저지르는 나쁜 짓인지도 모릅니다. 그러나 죽음에 이르러서까지 어찌 거짓을 꾸미고 남을 미워하며 악한 짓을 생각할 수 있겠습니까.

증자의 말은 가장 참되고 가장 착하며 가장 아름다운 말입니다. 이 말은 제자들에게 다음 세 가지를 마음에 깊이 새기게 하려고 강조한 말입니다.

첫째, 몸가짐에는 난폭함이나 거만함이 없게 할 것.

둘째, 얼굴빛은 꾸밈이 없어 바르게 해서 누구에게나 신의를 나타내게 할 것.

셋째, 말에 천하고 속됨과 사리에 어긋나는 억지가 없게 할 것.

진리眞理 참된 이치. 또는 참된 도리.

이 말은 아무리 세월이 흐르고 바뀌어도 변하지 않는 진리입니다. 또한 우리들에게 많은 것을 가르쳐 주고 있습니다.

그리고 증자는 효성이 지극해서 오늘까지도 '하늘이 내리신 효자'라 불리고

있습니다. 이런 증자는 자신이 직접 지은 책《효경》첫머리에,
 '몸과 털과 살갗은 부모에게서 받았으므로 조금도 손상시키지 않는 것이 효
 도의 시작이다.'
라고 썼습니다.
 그래서 우리나라에서도 옛 사람들은 이 가르침에 따라 머리카락을 깎지 않았습니다. 어려서는 남자도 여자처럼 길게 땋았고 어른이 되면 상투를 틀었습니다.
 증자도 이것을 자기가 직접 실천하느라 평생 동안 몸가짐을 조심했습니다.

효성孝誠 마음을 다해서 부모를 섬기는 정성.

지극至極 더할 수 없이 극진함.

손상損傷 물체가 깨지거나 상함. 병이 들거나 다침.

상투 예전에 장가든 남자가 머리털을 끌어 올려 정수리 위에 틀어 감아 맨 것.

증자가 병이 매우 깊어 죽음을 맞이했을 때였습니다.

제자들에게 증자가 힘겨운 목소리로 말했습니다.

"내 손을 펴 보고, 내 발을 펴 보게."

제자들은 증자가 한 말의 뜻을 이렇게 생각하고 저렇게 생각해도 도무지 알 수가 없었습니다.

"스승님, 왜 이런 말씀을 하셨습니까?"

한 제자가 나서서 묻자 증자는,

"《시경》에서 효에 대해 이르기를, '두려워하고 조심해서, 깊은 못 가장자리에 서 있는 듯이 하며, 얇은 얼음을 밟은 듯이 하라'고 했네. 나는 이제부터 그런 근심 걱정에서 풀려났다네……."

하고 나서 잠든 듯이 조용히 눈을 감았습니다.

제자들은 모두 증자가 한 말에 그만 숙연하게 고개를 숙이지 않을 수 없었습니다.

숙연肅然 고요하고 엄숙함.

증자가 한 마지막 말에는 효도를 다한 한없는 기쁨이 서려 있었던 것입니다.

세월이 흐르고 시대가 바뀌면서 효도에 대한 생각이나 방법도 많이 달라집니다. 그러나 생각과 방법이야 어떻게 달라졌건, 자식 된 도리로 부모에게 효도를 다해야 한다는 것은 달라질 수 없습니다. 또한 사람이 죽음 앞에서 효도를 다한 기쁨을 안고 조용히 눈을 감을 수 있다는 것은 참으로 값지고 귀한 것입니다.

서리다 어떤 생각이나 기억 등이 마음속 깊이 자리 잡아 간직되다.

공자의 제자 가운데 민자건이라는 사람이 있었습니다. 이름은 손이고, 자건은 자입니다. 민자건은 공자의 뛰어난 제자 10명인 '공문십철' 가운데 한 사람으로, 덕행이 높아 안회 다음으로 치던 어진 사람이었습니다. 공자와 같은 노나라 사람으로, 부모에게 효성이 지극했습니다. 그러나 안타깝게도 어머니가 일찍 세상을 떠나고, 아버지는 계모를 얻어 아들 형제를 낳았습니다.

그런데 어느 추운 겨울날이었습니다.

민자건은 말이 끄는 수레를 몰고 어디론가 가는 길이었습니다. 수레에는 아버지도 함께 타고 있었습니다. 얼마쯤 가다가 민자건을 본 아버지가 깜짝 놀랐습니다. 수레를 몰던 민자건이 뜻밖에도 말고삐를 놓치고 말았기 때문입니다.

그 시대에는 수레를 모는 것을 '어'라고 해서, 사대부들이 갖추어야 할 예법의 하나로 되어 있었습니다. 그것을 '육예'라 했는데, 예절[예(禮)], 음악[악(樂)], 활쏘기[사(射)], 수레 몰기[어(御)], 글씨 쓰기[서(書)], 수 익히기[수(數)] 등 고대 중국에서 가르치던 여섯 가지 과목을 이르는 말입니다.

사대부士大夫 양반. 사(士)와 대부(大夫)를 아울러 이르는 말. 문무 양반(文武兩班)을 일반 평민층에 상대해 이르는 말이다. 벼슬이나 문벌이 높은 집안의 사람.

'아니, 육예를 익힌 자건이 고삐를 놓치다니!'

이상하다고 생각한 아버지는 자건의 팔과 몸을 살피며 만져 보았습니다.

'아 아니, 이 이럴 수가!'

참으로 놀라운 일이었습니다. 한겨울인데도 아들 자건은 노화의만 입고 있었던 것입니다. 그 옷은 솜 대신 갈대꽃을 넣고 지어 겉으로는 두툼하게 보였지만 전혀 따뜻하지 않았습니다.

노화의蘆花依 갈대꽃을 넣어 지은 옷.

'이런 고약한……'

순간, 얼굴색이 확 변한 아버지는 계모에게 화가 나서 몸을 부르르 떨기까지 했습니다.

'몸이 얼고 손이 곱아서 자건이 말고삐를 놓친 게로구나. 이 추운 겨울에 내 아들에게 이런 옷을 입히다니, 으음…….'

학대虐待 몹시 못 살게 괴롭힘. 가혹하게 대우함.

이복형제異腹兄弟 아버지는 같고 어머니는 다른 형제.

호통 몹시 화가 나서 크게 꾸짖음.

간곡懇曲 태도나 자세 등이 간절하고 정성스러움.

고정 노여움이나 흥분 등을 가라앉힘.

이 한 가지만 봐도 자건이 계모에게 얼마나 학대를 받고 있는지 알고도 남았습니다. 그러나 아버지는 입을 굳게 다물고 아무 말도 하지 않았습니다.

집으로 돌아온 아버지는 곧 자건의 이복형제를 불러 직접 몸을 살피고 만져 보았습니다. 그랬더니 이복형제는 생각했던 대로 두툼한 솜옷을 입고 있었습니다.

"이게 무슨 괘씸한 짓이란 말이냐!"

화가 머리끝까지 난 아버지가 버럭 소리쳤습니다. 그리고 곧바로 계모를 불러 호통쳤습니다.

"지체 높은 사대부 집에서 감히 악하고 못된 짓을 일삼다니, 이를 어찌 용서할 수 있겠는가! 여봐라, 이 못된 어미와 자식을 당장 내 집에서 내쫓아라!"

바로 그때 자건이 아버지 앞에 꿇어앉아 간곡하게 말했습니다.

"고정하세요, 아버님! 어머니가 집에 계시면 아들 하나만 노화의를 입으면 되지만, 어머니가 쫓겨 나가시면 아들이 셋이 노화의를 입어야 합니다."

자건이 한 말을 아버지가 듣고 보니, 똑 부러지게 들어맞는 말이었습니다. 이렇게 해서 아버지는 더 이상 할 말을 잃고 입을 다물고 말았습니다.

이런 착하고도 어진 말에 모질고 악하기만 하던 계모도 저절로 고개가 수그러졌습니다. 크게 뉘우친 계모는 잘못을 고쳐 착한 사람이 된 것은 두말할 것도 없습니다.

민자건은 더욱 두 동생을 더욱 사랑하며 우애 있게 지내면서도, 지극정성으로 부모에게 효도를 다했습니다.

덕행을 쌓고 나라를 다스리는 길

- 덕으로 이끌고 예로 다스리면
- 마음과 행동을 올바르게
- 스승의 자격
- 군자와 소인의 행동
- 공자의 가르침
- 배우고 함께 생각해야
- 신의가 없으면
- 참다운 용기
- 역시 잘된 것은 아니다
- 공자의 정치관

논어 수업 » 덕행을 쌓고 나라를 다스리는 길

덕으로 이끌고 예로 다스리면

법령으로 이끌고, 형벌로 다스리면,
백성들은 법령을 어기고 형벌을 피해 빠져가도 부끄러워하지 않는다.
그러나 덕으로 이끌고, 예로 다스리면,
백성들은 법령을 어기고
형벌을 피해 빠져가는 것을
스스로 부끄러워하고
나아가 품격을 갖춰 올바르게 된다.

*道之以政*하고 *齊之以刑*이면 *民免而無恥*니라.
　도 지 이 정　　　제 지 이 형　　　민 면 이 무 치

*道之以德*하고 *齊之以禮*면 *有恥且格*이니라
　도 지 이 덕　　　제 지 이 례　　　유 치 차 격

　이 글은 《논어》〈위정편〉에 실려 있습니다.
　공자는 여기에서 나라와 백성들은 강력한 법령과 형벌이 아닌, 어진 예와 덕으로 다스려야 한다고 밝히고 있습니다.

법으로 나라를 다스리려면 많은 법령을 만들어 정치의 밑바탕으로 삼고, 이것을 어기는 백성들에게는 형벌로 그 죗값을 치르게 해야 합니다.

이런 나라 백성들은 모두 무조건 이 법령에 따라야 합니다. 그러니까 법을 어겨 벌을 받아도 그것이 왜 나쁜지를 모르기 때문에 부끄러움을 모릅니다.

그러나 덕망으로 어질게 정치를 하면 백성들은 마음에 감동을 받아 스스로 착하게 되어 기꺼이 따릅니다. 법을 어겨 벌을 받는 것이 얼마나 부끄러운지를 깨닫게 하는 예절을 널리 펴면, 백성들은 잘못을 스스로 깨달아 올바른 길로 나아가게 됩니다.

말하자면 법은 백성들에게 강제로 이렇게 하고 저렇게 하라고 명령해 따르게 합니다. 그러나 예와 덕은 백성들을 감동시켜 명령하지 않아도 착한 마음을 가지고 스스로 이렇게 하고 저렇게 한다는 것입니다.

그러므로 형벌 앞에서는 무서워 따르거나 요리조리 피해 빠져나가려 하지만, 예절과 덕망 앞에는 부끄러움을 알고 스스로 바른 길을 걷게 됩니다.

한자 정리

德 덕 덕
뜻을 나타내는 두인변(彳-걷다, 축거리다)과 음을 나타내는 덕(悳)으로 이루어 짐. 심(心)은 정신적인 사항임을 나타냄. 덕(德)은 행실이 바른 일, 남이 보나 스스로 생각하나 바람직한 상태에 잘 부합하고 있는 일. '크다', '베풀다'의 뜻.

예 禮 도례(예)
뜻을 나타내는 보일 시[(示(=礻) - 보이다, 신)]부와 음을 나타내는 동시에 신에게 바치기 위해 그릇 위에 제사 음식을 가득 담은 모양의 뜻을 가진 풍(豊→례)가 합해 이루어 짐. 제사를 풍성하게 차려 놓고 예의를 다했다 해서 '예도'를 뜻함.

논어 수업 » 덕행을 쌓고 나라를 다스리는 길

마음과 행동을 바르게

그 사람이 행동한 것을 보고,

그 사람이 왜 그런 행동을 했는지 잘 살피며,

그 결과에 만족해 편안해 하는 것을 관찰하면

그 사람의 사람됨을 환히 알 수 있으니,

사람이 어찌 자기를 숨길 수 있겠는가,

사람이 어찌 자기 본성을 숨길 수 있겠는가.

視其所以하며 觀其所由하며 察其所安이면
시 기 소 이   관 기 소 유   찰 기 소 안

人焉廋哉리오 人焉廋哉리오.
인 언 수 재   인 언 수 재

《논어》〈위정편〉에 실려 있는 글입니다.

내가 한 행동과 그렇게 행동하게 된 원인, 그리고 행동한 뒤에 나타난 결과를 주위에 있는 여러 사람이 관심을 가지고 살피고 있다는 뜻입니다.

사람은 언제나 여러 사람과 함께 어울려 살아가는데, 서로가 서로에게 관심을 가지면서 살고 있습니다.

이것을 마음에 깊이 새겨 두어 잊지 말고 조심하면서 살아야 합니다. 그래서 우리는 늘 마음을 바르게 하고 살아야 합니다. 또한 행동도 바르게 하면서 살아야 합니다.

 한자 정리

視 볼 시
뜻을 나타내는 볼견(見-보다)부와 음을 나타내는 시(示)는 신이 사람에게 보이다, 견(見)은 눈에 보이는 일이라는 뜻으로 시(視)는 똑똑히 보이다→가만히 계속해 보다 자세히 조사함. 견(見)은 저쪽에서 보여오는 일, 시(視)는 이쪽에서 가만히 보는 일. '보다'의 뜻.

觀 볼 관
뜻을 나타내는 볼견(見-보다)부와 음을 나타내는 글자 관(雚)으로 이루어져 자세히 본다는(見) 뜻이 합해 '보다'를 뜻함. 늘어놓아 보이다→자랑스럽게 남에게 보이다→잘 본다.

논어 수업 》 덕행을 쌓고 나라를 다스리는 길

스승의 자격

옛 것을 익히고 새것을 아는 사람이라면,
능히 남의 스승이 될 수 있다.

溫故而知新이면 可以爲師矣니라.
온 고 이 지 신   가 이 위 사 의

이 글은 《논어》〈위정편〉에 실려 있습니다.

'온(溫)'은 '심(尋)'이라 했습니다. 익히고 연구하며 찾는다는 말입니다. 무엇을 찾을까요? '심'은 '석고'라 해서 옛것을 읽고 풀이하는 것이라 했습니다. 다시 말하면 '온고지신'이란 옛 학문을 되풀이해 익히고 복습하며 연구해서, 새로운 학문을 이해하여야 비로소 남의 스승이 될 자격이 있다는 것입니다.

남의 스승이 된 사람은 고전에 대한 지식이 넓고 아는 게 많은 것만으로는 안 됩니다. 과거에 쓴 고전을 연구해 거기에서 현재나 미래에 적용될 수 있는 새로운 도리를 깨달아야 한다는 것을 강조하고 있습니다.

또 《예기》〈학기〉에,
'기문지학 부족이위사의(記問之學 不足以爲師矣).'
라는 글이 실려 있습니다. 이 글에는,

고전古典 오랫동안 많은 사람에게 널리 읽히고 모범이 될만한 문학이나 예술 작품.

'남의 질문에 대답하려고 학문을 익힌 사람은 남의 스승이 되기에 부족하다.' 라는 뜻이 담겨 있습니다. 학문을 외워 질문에 대답하는 것만으로는 결코 남의 스승이 될 자격이 없다는 말입니다. 학문은 외워 자기 자랑거리로 삼는 것이 아니라, 깨달아 나보다 남을 위해 쓰는 배려거리로 삼아야 하는 것입니다. '온고지신'과 통하는 말입니다.

그러므로 '온고지신'은 학문의 길, 스승의 길, 아니 발전을 바라고 요구하는 모든 사람에게 주는 교훈입니다.

과거는 흘러간 것이라고 버리거나 파묻어 버려서는 안 됩니다. 편안하고 한가한 생활에 젖거나, 절망에 빠져 그 자리에 주저앉아서도 안 됩니다.

과거가 있었기 때문에 오늘과 현재가 있고, 오늘과 현재는 또 내일과 미래

교훈敎訓 앞으로의 행동이나 생활에 지침이 될 만한 것을 가르침.

를 있게 합니다. 과거를 깊이 연구하고, 오늘의 현실을 날카롭게 파악해서 새로운 길을 창조하고 개척하는 것이 우리에게 주어진 일이고, 그것이 미래를 약속하는 길입니다.

우리가 오늘날 고전을 연구하는 것은, 과거의 학문이 지금 우리에게 어떤 도움을 줄 수 있는가를 탐구하는 것이 중요하고, 미래 우리 자손들에게 어떻게 도움을 줄 수 있는가를 연구하는 것이 중요합니다. 이것이 바로 우리가 고전을 배우고 익히는 목적입니다.

'온고지신'의 자세로, 전통 혼례 같은 미풍양속을 지키고, '송파 산대놀이'나 '강릉 단오제' 같은 우리의 전통문화를 갈고닦아 이어 나가는 것이 중요합니다. 그러면서 학교에서는 선생님을 존경하고 친구들과 우정을 나누며, 집에서는 아버지와 어머니, 어른들에게 효도하고 형제자매는 서로 우애를 나누면서 지내는 것도 참 중요합니다.

그러므로 '옛 것을 익히고 새것을 아는 사람이라면 능히 남의 스승이 될 수 있다'는 것입니다.

한자 정리

溫 따뜻할 온
뜻을 나타내는 삼수변[氵(=水, 水) - 물]부와 음을 나타내는 글자 온(접시에 먹을 것을 담은 모양 → 따뜻함)이 합해 이루어짐. 따뜻한 물(水)이라는 뜻이 합해 '따뜻하다'를 뜻함. 물이 따뜻하다 → 따뜻하다의 뜻. 나중에 수(囚 - 죄수)와 명(皿 - 접시)의 모양에서 죄수에게 먹을 것을 주듯 하는 따뜻한 마음이 글자의 기원이라고 해석하기도 함.

논어 수업 》 덕행을 쌓고 나라를 다스리는 길

군자와 소인의 행동

군자는 두루 사귀어 친하게 지내지만
편을 짓지 않고,
소인은 편을 지어 두루 사귀지 못해
친하게 지내지 못한다.

君子는 周而不比하고 小人은 比而不周니라.
군자　　주이불비　　　　소인　　비이불주

《논어》〈위정편〉에 실려 있는 글입니다.

군자가 으뜸으로 여기는 것은 널리 대중을 사랑하는 마음입니다. 온 세상 사람들이 평화롭고 행복하게 살게 하려는 데 목적을 두고 있습니다. 그래서 사람을 사귈 때에도 불편하거나 이치에 맞지 않는 일이 없고, 공평해서 어느 편으로 치우치지 않습니다. 또한 공평해서 자기 자신만 이익을 얻으려고 나쁜 꾀를 부리지도 않습니다.

그러나 소인은 자기 자신만을 위하고 나쁜 꾀를 부리며, 마음이 바르지 않고 마음 씀씀이도 좁습니다. 그래서 사람을 사귈 때에도 불편하고 이치에 맞지 않는 일이 많고, 공평하지 않아 어느 편으로 치우칩니다. 또한 공평하지 않아 자기 자신만 이익을 얻으려고 나쁜 꾀를 부립니다.

소인小人 마음이 좁고 행동이 바르지 않은 사람.

바로 정의를 위해 자기 자신을 버리고 행동을 하는 군자와 자기 자신만 이익을 얻으려고 욕심에 따라 행동하는 소인을 서로 견주어 한 말입니다.

 한자 정리

周 두루 주
용(用 - 쓰다)과 구(口 - 입)가 합해 이루어 짐. 본디 뜻은 입을 잘 써서 말을 삼가는 일을 말함. 나중에, 주밀(周密)의 뜻을 나타냄. 주밀이란 일이 잘되도록 이리저리 힘을 써서 허술한 구석이 없고 찬찬함을 이르는 말.

比 견줄 비
두 사람이 나란히 있어서 비교하는 모양. '견주다'의 뜻.

공자의 가르침

공자는 늘 상대에 따라 각각 그 사람됨과 경우에 알맞게 달리 가르쳤습니다. 생각해 보면 이것은 무척 놀라운 교육 방법입니다.

공자는 평소 제자들에게 군자에 대해,

'군자는 불기(不器)일세.'

라고 말했습니다.

이 말은 군자는 그릇이나 도구가 아니라는 뜻으로, 한 가지 일만 잘하는 기술자를 군자라고 할 수 없다는 말입니다. 대부분 그릇이나 도구는 제 역할에 따라 만들어진 대로 한 가지 구실 밖에 못합니다. 그래서 한 가지 일만 할 줄 아는 전문가나 기술자는 아무리 그 일을 잘하더라도 군자가 아니라는 말입니다.

공자가 살던 시대보다 문화와 문명이 엄청 발달한 오늘날 우리나라에서도 '인성 교육'에 힘쓰고 있습니다. 인성 교육이란 마음의 바탕을 교육하고 사람됨을 교육하는 것입니다.

공자는 제자들을 가르치면서 군자를 길러 내는 데 힘을 기울였습니다. 그러면서 학문과 덕행과 실천력을 아울러 지니고 있어야, 나라를 편안하게 하고 백성들을 행복하게 하는 역군이 될 수 있다고 생각했습니다.

어느 날이었습니다.

제자 자공이 공자에게 물었습니다.

"스승님, 어떤 사람을 군자라고 합니까?"

경우境遇 놓여 있는 형편이나 사정.

인성人性 사람의 성품.

역군役軍 일정한 부문에서 중요한 역할을 하는 일꾼.

잠시 생각에 잠겼던 공자가 대답했습니다.

"먼저 실천하고 난 뒤에 할 말을 하는 사람을 군자라고 한다네."

공자의 말이 자공 가슴 한쪽을 뜨끔하게 쑤시고 들어왔습니다. 얼굴이 발갛게 달아오른 자공은 말을 더 이상 하지 못했습니다.

자공은 말 잘하기로 유명한 제자였습니다. 말 잘하는 사람은 대부분 말을 앞세우고 실천이 뒤따르지 못한다는 것을 잘 알고 있기 때문에, 자공은 입을 꾹 다물고 말았던 것입니다.

이렇게 공자는 '실천이 앞서고 말이 뒤따라야 군자'라 해서 자공의 단점을 지적해 충고했습니다.

생각하면 할수록 참으로 사랑이 철철 넘치는 가르침입니다.

단점短點 잘못되고 모자라는 점.

지적指摘 꼭 집어서 가리킴.

충고忠告 남의 결함이나 잘못을 진심으로 타이름.

효에 대한 가르침도 마찬가지였습니다.

제자들이 효에 대해 물으면, 공자는 각각 그 사람됨과 경우에 알맞게 대답을 다르게 해서 가르쳤습니다.

"스승님, 어떻게 하는 것이 효도하는 길입니까?"

하고 제자가 묻자, 공자는

"부모님은 오직 자식의 병을 걱정하신다네."

라고 대답해서, 자식은 늘 건강한 몸과 마음으로 부모의 근심을 덜어 드리는 것이 효도하는 길이라고 깨우쳐 주었고,

"음식을 잘 대접하고 옷을 잘 입혀 드려야 하네. 그런데 여기에 공경하는 마음이 따르지 않으면 효라고 할 수 없지."

하고 대답을 해서, 음식이나 옷보다도 마음이 더욱 중요하다는 것을 일러 주었

으며,

"부드러운 얼굴빛으로 부모님을 섬겨야 하네. 일은 자네가 해서 부모님의 수고를 덜어 드리고 몸을 편안케 해 드리며, 늘 부모님 얼굴빛을 살펴 마음을 편안케 해 드려야 하네."

라고 대답해 가르치기도 했습니다.

그 당시 노나라에 삼환이 있었습니다. '삼환'이란 중국 춘추 시대에, 노나라의 환공에서 갈라져 나온 맹손, 숙손, 계손씨의 세 대부를 이르는 말입니다. 삼환의 세력은 임금보다도 컸고, 버릇이 없는데다가 몸가짐이 좋지 못해 예법을 어기는 일이 많았습니다.

그런데 어느 날, 노나라 대부 맹희자의 아들 맹의자가 공자를 찾아와,

"효도는 어떻게 합니까?"

하고 물었습니다. 그러자 공자는 바로,

"어기는 일이 없어야 하는데……."

라고 대답했습니다.

"……."

맹의자는 공자에게 예절을 배웠습니다. 그런데도 공자의 대답을 듣고도 아무런 대꾸는 하지 않고 머리를 깊이 숙이고 앉아 있기만 했습니다.

'으음, 저 방자하고 멍청한 맹의자가 내 말의 뜻을 알아들었을 리 없지…….'

공자가 이렇게 생각하고 있는데, 맹의자는 끝내 아무런 대꾸를 하지 않고 돌아가고 말았습니다.

얼마 뒤, 외출할 일이 있어 공자가 수레에 올랐습니다.

'맹의자는 내가 한 말을, 제 아버지 뜻을 어기지 말라는 뜻으로 알아들었을

대부大夫 중국에서 벼슬아치를 세 등급으로 나눈 품계의 하나. 주나라 때에는 경(卿)의 아래 사(士)의 위였다.

방자放恣 어려워하거나 조심스러워하는 태도가 없이 예의가 없고 건방짐.

게야. 틀림없이!'

이렇게 생각한 공자가 함께 수레를 타고 가는 제자 번지에게,

"아까 맹의자가 찾아와 내게 효에 대해 묻기에 '어기는 일이 없어야 한다'고 대답해 주었네."

하고 말하자, 번지도 그 뜻을 몰라 어리둥절해했습니다. 생각다 못한 번지가,

"스승님, 그 말씀은 무슨 뜻인지요?"

하고 묻자, 공자는 자세하게 일러 주었습니다.

"부모님께서 살아계실 때에는 예절을 다 해 섬기고, 돌아가셨을 때도 예절로 장사를 지내고, 제사를 지낼 때도 역시 예절을 갖추어 지내야 한다는 걸세."

"스승님께서 맹의자에게 하신 말씀이, 효도를 할 때에 예절을 어기지 말라는 뜻이었군요!"

"그렇다네."

공자가 고개를 끄덕이자, 번지는 고개를 깊이 숙였습니다.

공자는 세력이 크고 버릇이 없으며 몸가짐도 좋지 못한 맹손 집안이 예절까지도 무시한다는 것을 잘 알고 있었습니다. 그래서 따끔하게 한마디 해 주었던 것입니다. 또한 다음날이면 맹의자가 번지에게 자기가 한 말의 뜻을 물을 것을 잘 알고 있었기 때문에 이렇게 일러 주었던 것입니다.

논어 수업 » 덕행을 쌓고 나라를 다스리는 길

배우고 함께 생각해야

배우기만 하고 생각하지 않으면
그물에 갇힌 듯 얻는 것이 없어 멍청해지고,
생각하기만 하고 배우지 않으면 위태롭다.

學而不思則罔하고 思而不學則殆니라.
학 이 불 사 즉 망   사 이 불 학 즉 태

이 글은 《논어》〈위정편〉에 실려 있습니다.

공자가 말하는 '배움'이란 무엇일까요? 그것은 나에게 '새로움'이 들어오는 것을 말합니다.

배움이란 물음이고 탐구이며 독서입니다. 그것은 알 수 없는 세계로 모험을 떠나는 것과 같습니다. 그래서 새로움이 나에게 들어오지 않으면 독서는 독서가 아닙니다. 나에게 아무런 도움이 안 되기 때문입니다. 그러나 '배움'은 반드시 받아들인 '새로움'을 '생각함'으로 정리하고 '실천함'으로 나타날 때 '더 새로운 내 것'이 되는 것입니다.

누구나 배우면 아는 것이 많아집니다. 그러나 깊이 생각하는 일이 그것을 뒤따르지 않으면 실천에 옮길 수 없어 그 아는 것은 산지식이 되지 못합니다.

이와 반대로 생각하면 하고 싶은 일이 많아집니다. 그러나 배우지 않아 아는 것이 없으면, 그 행동은 이치에 맞지 않아 아무 생각 없이 함부로 행동하는 것에 지나지 않습니다.

그러므로 군자의 높은 덕행은 배우고 함께 생각해야 이루어집니다.

 한자 정리

思 생각 사, 수염이 많을 새
전(田-뇌)와 심(心-마음)이 합해 이루어짐. '생각하다'의 뜻으로, 옛날 사람은 머리나 가슴으로 사물을 생각한다고 여겼음.

則 곧 즉, 법칙 칙
패(貝-재산)와 도(刀-날붙이 파서 새기는 일)가 합해 이루어짐. 물건을 공평하게 나눔의 뜻. 공평의 뜻에서 '법칙(法則)'의 뜻이 됨.

罔 그물 망, 없을 망
덮어 씌워 새나 짐승을 잡는 '그물'의 뜻.

논어 수업 》 덕행을 쌓고 나라를 다스리는 길

신의가 없으면

사람으로서 신의가 없으면, 그 사람이 어찌 사람 구실을 할런지 알 수가 없다. 큰 수레에 채잡이가 없고, 작은 수레에 멍에가 없으면, 그 수레가 어찌 다닐 수 있겠는가.

人而無信이면 不知其可也니라
인 이 무 신   부 지 기 가 야

大車無輗며 小車無軏이면 其何以行之哉리오
대 거 무 예   소 거 무 월   기 하 이 행 지 재

《논어》〈위정편〉에 실려 있는 글입니다.

사람은 신의가 있어야 한다고 강조하고 있습니다. 다시 말해 사람으로서 신의가 없다면, 채잡이가 없거나 멍에가 없어 다니지 못하는 수레에 비유해, 아무 쓸데가 없다는 것을 깨우쳐 주고 있습니다.

수레와 말이 있어도 채잡이와 멍에가 없으면 그 수레는 굴러가지 못합니다. 사람이 세상을 살아갈 때에도 신의가 없으면 남에게 따돌림을 당해 살아갈 수 없습니다.

수레가 아무리 좋아도 굴러가지 못하면 그 수레는 아무 쓸데가 없습니다.

그와 마찬가지로 아무리 학식이 많고, 재산이 많다 해도 신의가 없다면 사람 구실을 못해 함께 살아가는 사회에서 아무 쓸데가 없습니다.

 한자 정리

大 클 대, 큰 대, 클 태, 클 다
서 있는 사람을 정면으로 본 모양. 처음에는 옆에서 본 모양인 인(人)·비(匕) 등과 같이, 다만 사람을 나타내는 글자였지만, 나중에 구분해서 '훌륭한 사람', '훌륭하다', '크다'의 뜻으로 쓰임.

車 수레 거, 수레 차
수레의 모양을 본뜸. 부수로는 '수레'에 관한 글자의 뜻으로 씀.

何 어찌 하, 꾸짖을 하, 멜 하
뜻을 나타내는 사람인변[亻(=人)-사람]부와 음을 나타내는 가(可)가 합해 이루어짐. 짐을 메고 있는 사람의 모양. 나중에 모양이 변해 사람인변[人변(亻=人)-사람]부과 음을 나타내는 가(可 → 하)를 합한 글자로 됨. '어찌', '메다'의 뜻.

논어 수업 》 덕행을 쌓고 나라를 다스리는 길

참다운 용기

제사를 지내지 않아야 할 귀신에게 제사를 지내는 것은, 아첨하는 것이요,
옳은 일인 줄 알면서도 실행하지 않는 것은, 용기가 없는 것이다.

非其鬼而祭之이 諂也요 見義不爲이 無勇也니라.
비 기 귀 이 제 지   첨 야   견 의 불 위   무 용 야

이 글은 《논어》〈위정편〉에 실려 있습니다.

'제사를 지내지 않아야 할 귀신에게 제사를 지내는 것', 다시 말해 자기네 조상이 아닌데 제사지내는 것은 옳지 않은 방법으로 복을 받으려는 아첨이라고 가르칩니다.

사람이 하느님과 부처님을 숭배하고 믿으며, 선을 권장하고 악을 징계해서 스스로의 몸과 마음을 닦아 가면서 행복을 얻으려는 일을 '종교'라고 하는데, 옳은 일입니다.

그러나 우리 풍속 가운데, 무당을 불러 점을 치거나 굿을 하는 일, 또는 서낭신에게 복을 비는 일 등은 이치에 어긋나고 옳지 않은 일입니다. 이것은 종교적, 과학적인 이치에 맞지 않는 미신에 지나지 않으므로 마땅히 버려야

권장勸獎 어떤 일을 하도록 부추겨 좋은 일에 힘쓰도록 북돋아 줌.

징계懲戒 옳지 못한 못한 행동을 다시 저지르지 않게 벌을 줌.

풍속風俗 옛날부터 전해 내려오는 생활의 모든 습관.

59

합니다.

　사람이 자신이 할 수 있는 옳은 일인 줄 알고도 실행하지 않는 사람은 생각이 모자라는 게으름뱅이이거나 겁쟁이입니다.

　우리 주변을 둘러보면, 사람들은 마땅히 해야 할 일은 하지 않고 쓸데없는 데에 힘과 시간을 헛되게 쓰는 일이 많습니다.

사물事物 일과 물건을 통틀어 이르는 말.

　밝은 생각과 능력으로 사물의 이치를 잘 판단해서, 그것이 옳은 일이라면 굳은 믿음을 가지고 용감하게 실천해야 합니다.

　그것이 참되고 옳은 용기입니다.

한자 정리

非 아닐 비, 비방할 비
새의 좌우로 벌린 날개. 나중에 '배반하다', '~은 아니다' 등의 뜻으로 씀.

鬼 귀신 귀
무시무시한 머리를 한 사람 모습으로 '죽은 사람의 혼(넋)'이라는 뜻을 나타냄. 부수로 쓰일 때에는 영혼이나 초자연적인 것, 그 작용에 관한 의미를 담고 있음.

祭 제사 제, 나라 이름 채
　우(又-손)와 왼쪽 글자[고기-육(肉)]이 합해 이루어짐. 옛 글자 모양은 신에게 바치는 고기에 술을 손으로 뿌려 깨끗이 하고 있는 모양을 나타냄. 나중에 제단의 모양인 시(示)를 붙여 제(祭)라 씀. 신과 사람의 접촉을 뜻함. '서로 접하다', '제사'의 뜻으로 쓰임.

諂 아첨할 첨
뜻을 나타내는 말씀언(言-말하다)부와 음을 나타내는 글자 함(召→첨)이 합해 이루어짐. '아첨하다'의 뜻.

논어 수업 » 덕행을 쌓고 나라를 다스리는 길

역시 잘된 것은 아니다

지혜가 그 지위에 미치더라도, 인으로 그것을 지킬 수 없으면, 비록 그 지위를 얻더라도 반드시 잃는다. 그리고 지혜로 그 지위를 얻고, 인으로 그 지위를 지키더라도, 위엄으로 백성들을 대하지 못하면, 백성들이 그 사람을 공경하지 않는다.

또한 지혜로 그 지위를 얻고, 인으로 그 지위를 지키고, 위엄으로 대하더라도, 백성들을 예로 감동시키지 못하면, 역시 잘된 것은 아니다.

知及之라도 仁不能守之면 雖得之나 必失之니라.
지 급 지   인 불 능 수 지   수 득 지   필 실 지

知及之하며 仁能守之라도 不莊以涖之면 則民不敬이니라.
지 급 지   인 능 수 지   불 장 이 리 지   즉 민 불 경

知及之하며 仁能守之하며 莊以涖之라도 動之不以禮면
지 급 지   인 능 수 지   장 이 리 지   동 지 불 이 례

未善也니라.
미 선 야

《논어》〈위령공편〉에 실려 있는 글입니다.

제아무리 남의 윗자리에 있는 사람이라도, 지혜만 가지고 모든 게 해결되고 잘 다스리는 것은 아닙니다.

윗사람으로서 일은 맑고 똑똑한 지혜로 처리해야 하지만, 아랫사람들을 다스릴 때에는 어질고 사랑하는 마음과 높은 덕이 있어야 합니다. 그렇다고 해서 부드럽고 너그러우며 무던한 인만으로 되는 것이 아닙니다.

거기에는 반드시 윗사람다운 위엄이 있는 엄숙한 모습을 갖추어야 질서가 바로잡힙니다. 그러나 그 위엄이 지나치면 아랫사람들은 겉으로 공경하는 척하면서 속으로 멀리하게 됩니다.

그러므로 윗사람은 지혜롭고 어질며 위엄이 있는 예로 잘 거느리고 다스려 나가야 합니다. 이렇게 할 때에야 비로소 훌륭한 윗사람이라 할 수 있습니다. 윗사람은 마음에서 우러나오는 인간다운 예를 갖추어 아랫사람을 거느리고 다스려야 한다는 뜻입니다.

한자 정리

善 착할 선
양(羊)처럼 순하고 온순하며 부드럽게 말(口)하는 사람을 나타내어 '착하다'를 뜻함. 옛날 재판에는 양 비슷한 신성한 짐승을 썼음. 신에게 맹세하고 한 재판이라는 데서 나중에 훌륭한 말→훌륭함→좋다의 뜻이 되었음.

守 지킬 수
관청[갓머리(宀 - 집, 집 안)부]에서 법도(寸-손→손으로 꽉 잡는 일, 또는 치수 법도(法度-규칙)에 따라 일을 한다는 뜻이 합해 직무를 지킨다는 데서 '지키다'를 뜻함.

民 백성 민
백성은 천한 신분을 타고 나며 눈 먼 사람이라 생각했음. 눈이 보이지 않는 데서 무지(無知), 무교육인 사람 일반 사람이라는 뜻. 먼 옛날에는 사람을 신에게 바치는 희생으로 하거나 신의 노예로 삼았음. 그것이 민(民)이었다고도 함. '백성'의 뜻으로 씀.

공자의 정치관

어느 날 자로가 공자에게 물었습니다.

"스승님, 옳은 일을 들으면 곧 실행해야 합니까?"

"아버님과 형님이 살아 계신데, 어떻게 듣는 즉시 실행할 수 있겠나?"

그러자 이번에는 자유가 물었습니다.

"스승님, 옳은 일을 들으면 곧 실행해야 하나요?"

그랬더니 다 같은 물음인데도 공자는,

"아무렴, 그래야지. 듣는 즉시 실행해야지."

라고 천연덕스럽게 대답했습니다.

참으로 엉뚱한 공자의 대답을 듣고 제자들은 모두 어리둥절한 표정을 지었습니다. 그런데 이번에는 자화가 나서서 물었습니다.

"스승님, 자로와 자유는 스승님께 같은 질문을 했습니다. 그런데 스승님께서는 자로와 자유에게 다르게 대답하셨습니다. 저는 왜 그렇게 다르게 대답하셨는지 도무지 이해할 수가 없습니다. 궁금합니다. 가르쳐 주십시오."

그러자 공자는 미소를 지으며 자로와 자유 두 제자를 번갈아 보았습니다.

"그래, 자네들은 어떤가?"

"저도 이해할 수 없습니다."

"저 또한 이해할 수가 없어요. 스승님, 자세히 일러 주세요."

"그렇다면 내 다시 일러 주겠네. 자로, 자네는 모든 일에 뒤로 물러서기 때문에 나아가게 한 걸세. 그리고 자유, 자네는 모든 일에 너무 앞서 나아가기 때문에 물러서게 한 게야."

이것이 공자가 제자들을 지도한 교육 방법 가운데 한 보기입니다.

의로운 일은 과감하게 실천해야 합니다.

그러나 자로는 모든 일에 급하고 덤벙거리기 때문에 한번 주저앉힌 다음에 신중하게 행동하라는 뜻이었습니다. 그리고 자유는 모든 일에 지나치게 신중하고 너무 주저주저하기 때문에 뒤를 밀어 주었던 것입니다.

공자는 인을 실행하는 방법에 대해서도, 늘 묻는 상대에 따라 각각 그 사람됨과 경우에 알맞게 대답을 다르게 해서 가르쳤습니다.

정치에 대한 물음에 대해서도 같았습니다.

어느 날 자장이 정치에 대해 묻자 공자는,

"마음에 늘 두어 게으르지 말아야 하며, 이를 성실하게 실천해야 하네."

하고 대답했습니다.

정치는 백성들과 나라의 운명을 좌우하는 큰 책임을 지는 것입니다. 그러므로 정치를 하는 사람들은 자나 깨나 올바른 정치만을 생각하고, 또 그것을 성실하게 실천하기에 힘써야 한다는 뜻입니다.

자장은 공자의 제자로, 성은 전손, 이름은 사, 자는 자장이라 했습니다. 자장은 진나라 사람으로, 공자보다 마흔여덟 살 아래였습니다.

그런데 자로의 물음에 대한 공자의 대답은 또 달랐습니다.

자로가 정치에 대해 묻자 공자는,

"앞장서 일하고 위로해야 하네. 또한 게을리 하지 말아야 한다네."

라고 대답했습니다.

의롭다 바르고 옳은 일을 위하여 자기를 돌보지 않는 정신이 있다.

과감 일을 딱 잘라서 결정하는 성질이 있고 용감함.

운명 앞으로의 살고 죽는 일과 계속 이어 가거나 멸망에 관한 처지.

공자의 말은 '백성들에게 솔선수범하고 백성들이 따라 일하거든 그 노고를 위로하면서 일을 게을리 하지 말고 꾸준히 계속하라'는 뜻입니다.

공자는 이렇게 묻는 상대의 사람됨과 경우를 보아 가면서 그에 적절한 가르침을 내렸습니다.

솔선수범率先垂範 남보다 앞장서서 행동해서 몸소 다른 사람의 본보기가 됨.

노고勞苦 힘들여 수고하고 애씀.

노나라에 대부 벼슬을 하고 있는 계강자라는 사람이 있었습니다.

대부 계강자는 계환자의 서자였는데, 본처 아들을 죽이고 그 아버지의 자리를 차지한 막돼먹은 사람이었습니다.

이런 계강자가 어느 날 공자에게 물었습니다.

"정치란 무엇이오니까?"

"정(政)이란 바로 정(正)이니, 대부가 정으로 바르게 이끌어 나간다면 누가

서자庶子 본부인이 아닌 딴 여자가 낳은 아들.

감히 부정을 저지르겠소?"

이 말은 바로 '윗물이 맑아야 아랫물이 맑다'는 뜻이었습니다. 다시 말해 윗사람이 잘하면 아랫사람도 따라서 잘하게 된다는 뜻으로, 권세를 앞세워 부정을 일삼는 계강자에게 말 한마디로 따끔하게 침을 놓아 주었던 것입니다.

그랬는데도 계강자가 태연스럽게 또 물었습니다.

"나라 안에 도둑들이 많은데, 이를 어떻게 다스리면 좋겠소이까?"

"대부가 참으로 욕심을 부리지 않는다면, 비록 상을 준다 해도 백성들은 도둑질을 안 할 것이외다."

이 말은, '나라의 중요한 정치를 맡은 대신인 대부 계강자가 부정한 방법으로 재물을 거두어들이니, 백성들은 대신에게서 도둑질을 배운 것이다. 그러니 대신이 부정을 저지르지 않고 백성들의 생활을 돌보고 안정시킨다면 백성들은 상을 준다 해도 도둑질을 안 할 것이다'라는 뜻이 담긴 충고였습니다.

그런데도 계강자는 여전히 천연스러운 표정으로 계속 물었습니다.

"만일 막돼먹은 사람을 죽여 백성들이 올바른 길로 나아가게 한다면 어떠하겠소이까?"

"대부가 정치를 하는데 어찌 백성들을 죽일 필요가 있겠소? 착해지려고 한다면 백성들은 저절로 착해질 것이오. 군자의 덕은 바람과 같고, 소인의 덕은 풀과 같다오. 그러니 풀은 바람이 지나가면 반드시 엎드려 따르는 법이라오."

"네, 잘 알겠나이다."

계강자는 그제야 공손히 고개 숙여 인사하고 물러갔습니다.

나라를 다스리는 데 법만 엄하게 한다고 백성들이 복종하는 것은 아닙니다.

부드러운 바람이 불어오면 풀들이 일제히 엎드려 바람을 따르듯이, 정치를 맡아 하는 사람들이 따스한 입김으로 백성들을 어루만져 주면, 그 따스한 입김에 백성들은 마음으로부터 복종하게 되는 것입니다.

공자가 바라는 정치는 바르고 착하며 어진 도를 실천하는 것이었습니다.

어느 날 자공이,

"스승님, 정치의 요점은 무엇입니까? 바르게 가르쳐 주십시오."

하고 묻자 공자는,

"식량을 부족하지 않고 풍족하게 하며, 군비 또한 부족하지 않고 충족하게 하며, 백성들이 믿고 따르게 하는 것이네."

하고 대답해 일러 주었습니다.

그러나 자공이 계속 물었습니다.

"그렇다면 스승님, 어쩔 수 없이 버려야할 경우가 생긴다면, 이 셋 중에서 어느 것을 먼저 버려야 합니까?"

"군비를 버려야 하네."

"스승님, 또 어쩔 수 없이 버려할 경우가 생긴다면, 나머지 둘 중에서 어느 것을 버려야 합니까?"

"식량을 버려야 하네. 사람은 다 언젠가 죽게 되어 있지 않은가?"

"그렇습니다, 스승님."

"자네나, 나도 언젠가는 죽는 게지. 하지만 백성들이 믿지 않으면 나라가 바로 서지 못하게 된다는 것을 명심해야 하네."

공자가 정치의 요점으로 든 것은 바로 경제 문제와, 군사 문제, 치안 문제의 세 가지였습니다.

요점要點 가장 중요하고 중심이 되는 사실이나 관점.

군비軍費 군사상의 목적에 사용되는 모든 경비.

의식주衣食住 옷과 음식과 집을 통틀어 이르는 말.

'식량'은 백성들의 의식주 가운데 하나이기 때문에 살아가는 데 없어서는 안 될 꼭 필요한 것입니다.

다음 '군비' 또한 나라를 안정시키는데 없어서는 안 될 중요한 것입니다. 그것은 결코 남의 나라를 침략하기 위한 것이 아닙니다. 적의 공격이나 침략을 막아 내 나라를 지키고, 정의를 지키기 위해 필요한 것입니다.

그리고 '백성들이 믿고 따르게 하는 것'은 바로 백성들의 믿음을 얻어야 한다는 것입니다. 백성들의 마음인 민심이 정치하는 사람에게서 떠나면 바른 정치가 이루어지지 않기 때문입니다.

이 세 가지 정책 중에서 가장 중요한 것은 바로 '백성들이 믿고 따르게 하는 것'입니다. 그러므로 백성들의 믿음을 얻는다는 것은 바로 정치의 기본 조건이 됩니다. 백성들의 지지를 얻지 못하면 나라의 틀이 굳건하게 잡히지 않기 때문입니다.

그런데 정치는 어떤 일에 중점을 두고 마음과 힘을 다해야 하는가가 문제입니다.

어느 날 제자 자장이 공자에게 물었습니다.

"스승님, 어떻게 해야 정치를 할 수 있습니까?"

미덕美德 아름답고 갸륵한 행실.

"다섯 가지 미덕을 존중하고, 네 가지 악덕을 물리칠 수 있다면 정치를 할 수 있다네."

악덕惡德 도덕에 어긋나는 나쁜 마음이나 나쁜 짓.

"무엇을 다섯 가지 미덕이라 합니까?"

위정자爲政者 정치를 하는 사람.

"위정자는 은혜를 베풀지만 낭비는 하지 않고, 수고를 시키지만 원망은 사지 않으며, 욕심을 부리지만 탐욕은 부리지 않고, 태연하지만 교만하지 않으며,

탐욕貪慾 지나치게 탐내는 욕심.

위엄이 있지만 난폭하지 않는 것이라네."

자장이 계속 물었습니다.

"스승님, '은혜를 베풀지만 낭비는 하지 않는다'는 건 무슨 뜻입니까?"

"백성들에게 이익 되는 것을 가려 베풀어 백성들을 이롭게 해 주니, 이게 바로 위정자는 은혜를 베풀지만 낭비는 하지 않는 거라네. 그리고 마땅히 수고해야 할 것만을 가려 백성들을 동원시키니, 이걸 보고 누가 원망하겠나? 또 어진 정치를 베풀려고 욕심을 부려 어진 정치를 이루니, 이렇게 하는데 어찌 탐욕을 부리겠나? 또한 위정자는 사람이 많거나 적거나, 일이 크거나 작거나 가리지 않고 한결같이 소홀하지 않고 신중하게 처리하니, 이게 바로 태연하지만 교만하지 않는 거라네. 또 위정자는 의관을 단정히 하고 표정은 존엄하게 하며, 그 의젓함을 백성들이 보고 두려워하니, 이게 바로 위엄이 있지만 난폭하지 않은 거라네. 이것이 위정자가 존중해야 할 다섯 가지 미덕이라네."

자장이 또 궁금해서 공자에게 물었습니다.

"그러면 스승님, 위정자가 물리쳐야 할 네 가지 악덕은 무엇입니까?"

"백성들을 가르치고 이끌어서 좋은 쪽으로 나아가게 하지 않고 죽이는 것을 잔학이라 하고, 미리 경계를 시키지 않고 잘못된 결과만 따지는 것을 포악이라 하며, 명령을 소홀히 하고 완성 시기는 심하게 독촉하는 것을 괴롭힘이라 하고, 마땅히 나누어 주어야 할 것을 내주기에 인색한 것을 구두쇠라 하네. 이것이 위정자가 물리쳐야 할 네 가지 악덕이라네."

결국 정치는 백성들의 행복과 나라의 발전을 위해 필요한 것입니다.

위정자가 갖추어야 할 다섯 가지 미덕과 버려야 할 네 가지 악덕을 간추려 보면 다음과 같습니다.

의관衣冠 남자의 옷옷과 갓이라는 뜻으로 남자가 정식으로 갖추어 입는 옷차림을 이르는 말.

존엄尊嚴 인물이나 지위 등이 감히 범할 수 없을 정도로 높고 엄숙함.

잔학殘虐 인정이 없고 아주 모질며, 사납고 악함.

포악暴惡 사납고 악함.

인색吝嗇 재물을 아끼는 태도가 몹시 지나침.

위정자가 존중해야 할 다섯 가지 미덕

1. 백성의 교화를 위해 힘쓸 것이지만, 자신의 사치와 낭비는 금할 것.
2. 백성을 동원하고 세금은 부과할 것이지만, 백성이 원망하지 않게 할 것.
3. 어진 정치를 베풀기에 욕심을 낼 것이지만, 자신의 사리사욕은 버릴 것.
4. 큰일이나 작은 일이나 소홀하지 않고 신중히 처리할 때는 태연하게 할 것이지만, 교만하지 말 것.
5. 위엄을 잃지 않을 것이지만, 난폭하지 말 것.

위정자가 물리쳐야 할 네 가지 악덕

1. 백성을 교화시키지 않고, 죄로 다스리는 것.
2. 미리 경계시키지 않고, 잘못된 결과만 보고 다스리는 것.
3. 명령을 소홀히 하고, 완성 시기는 심하게 독촉하는 것.
4. 마땅히 내주어야 할 것이지만, 덜 주거나 주지 않으려 것.

이와 같이 공자가 뜻하고 바라는 정치는 바로 도의 정치이고, 그 도의 정치를 실현시키려면 덕으로 다스려야 한다고 주장했습니다.

교화敎化 가르치고 이끌어서 좋은 방향으로 나아가게 함.

부과賦課 세금이나 부담금 등을 매기어 부담하게 함.

예절을 지키며 어질게 사는 길

- 무엇으로 평가하겠는가
- 인에 뜻을 두면
- 지혜로운 사람
- 맹자
- 부귀와 빈천
- 도를 들어 깨달으면
- 부끄러워할 일
- 군자와 소인의 생각 차이
- 이익만 보고 행동하면
- 부모를 섬기면서
- 참으로 불쌍한 인생살이
- 기쁘고도 걱정되는 것
- 함부로 말하지 않는 이유
- 단단히 죄고 단속하는 사람
- 덕이 있는 사람
- 물과 불보다 더 중한 것
- 스승에게도 양보하지 마라
- 내가 하고 싶지 않은 일

논어 수업 » 예절을 지키며 어질게 사는 길

무엇으로 평가하겠는가

윗자리에 있으면서 너그럽지 않으며,
예를 행할 때 공경스럽지 않으며,
상을 치를 때 슬퍼하지 않는다면,
내가 무엇으로 그 사람을 평가하겠는가.

居上不寬하며 爲禮不敬하며
거 상 불 관   위 례 불 경

臨喪不哀면 吾何以觀之哉리오.
임 상 불 애   오 하 이 관 지 재

《논어》〈팔일편〉에 실려 있는 글입니다.

윗사람은 아랫사람에게 관용을 베풀어 너그럽게 대해야 하고, 예를 행할 때는 헛된 마음이 아닌 공경하는 마음이 따라야 하며, 남이 초상을 당하면 가서 같은 슬픔으로 함께 슬퍼해야 합니다.

그런데 사람이 너그럽지 못하거나, 공경하는 마음으로 예법을 지키지 않거나, 남이 초상 같은 슬픈 일을 당했을 때 가서 함께 슬퍼하지 않는 사람은 참으로 인정이 없는 사람입니다. 이런 사람의 무엇을 보고 그 사람의 잘하고

관용寬容 남의 잘못을 너그럽게 받아들이거나 용서함.

초상初喪 사람이 죽어서 장사 지낼 때까지의 일.

잘못하는 것을 평가하겠습니까.

이런 인정 없는 사람은 사람으로서 대접을 받지 못합니다.

 한자 정리

居 살 거, 어조사 기
　뜻을 나타내는 주검시엄(尸－주검)부와 음을 나타내는 고(古－고정시키는 일 거)로 이루어짐. 앉아서 거기에 있음을 뜻함. '살다', '자리 잡다'의 뜻으로 쓰임.

上 윗 상
　상(上)은 일(一)에 짧은 일(一)을 쓰기도 하고, 또는 긴 ㅡ(일) 위에 ·을 쓰기도 해서 어떤 위치보다도 높은 곳을 나타낸다고 일컬어져 왔음. 그러나 본디는 무엇엔가 얹은 물건의 모양을 나타내며 하(下)에 대한 상(上)→위에 얹다→위쪽을 뜻하는 것으로 생각됨. '위', '앞'의 뜻으로 씀.

寬 너그러울 관
　뜻을 나타내는 갓머리(宀－집, 집 안)부와 음을 나타내는 동시에 넓다는 뜻을 나타내는 글자 환(萈→관)이 합해 이루어짐. 집이 넓다, 나중에는 넓다→마음이 크다의 뜻. '너그럽다', '넓다', '크다'의 뜻으로 쓰임.

논어 수업 » 예절을 지키며 어질게 사는 길

인에 뜻을 두면

진실로 인에 뜻을 두면, 악은 없다.

苟志於仁矣면 無惡也니라.
구 지 어 인 의   무 악 야

이 글은 《논어》 〈이인편〉에 실려 있습니다.

선과 악은 마음 깊은 데서 일어나, 이것을 실천하면 착한 행동도 되고 악한 행동도 됩니다.

마음은 행동의 주인이고, 또한 사람의 주인입니다. 착해지려고 하는 마음, 선이 바로 인입니다.

그러므로 어진 마음인 '인'은 착한 마음인 '선'을 낳고, 어질지 못한 마음인 곧 '불인'은 악한 마음인 '악'을 낳습니다. 마음이 '인'에 있는데, 하는 일이 결코 '악'이 될 수는 없습니다.

그래서 참으로 인에 뜻을 두면 남이 싫어하는 악한 행동을 결코 하지 않을 것이고, 그런 악은 결코 없을 것입니다.

논어 수업 » 예절을 지키며 어질게 사는 길

지혜로운 사람

마을에 인의 덕을 갖춘 사람이 살면
그 이웃 사람 마음도 아름다워지니,
어질고 무던한 사람이 사는 곳을 택해
그 이웃에 살지 않으면,
지혜로운 사람이라 할 수 없다.

里仁이 爲美하니 擇不處仁이면 焉得知리오.
이 인   위 미   택 불 처 인   언 득 지

《논어》〈이인편〉에 실려 있는 글입니다.

이 글을 보면 '맹모삼천지교(孟母三遷之敎)'가 떠오릅니다. 맹자의 어머니가 아들을 훌륭하게 키우려고 세 번이나 이사한 것을 이르는 말입니다.

맹자가 처음 살았던 곳은 공동묘지가 있는 마을이었습니다. 그러자 맹자는 그 마을에 사는 아이들과 어울려 상여를 메고 장례지내는 놀이에만 열중했습니다.

현모로서 그 모습을 보고 크게 걱정해 다른 곳으로 이사를 갔습니다.

두 번째로 옮겨 간 곳은 시장 근처였습니다. 그런데 이번에는 맹자가 그 마을에 사는 아이들과 어울려 장사꾼 놀이를 하며 놀았습니다. 매일 물건을

상여喪輿 사람의 시체를 실어서 묘지까지 나르는 도구.

현모賢母 어진 어머니.

사고파는 장사꾼 놀이에만 열중했던 것입니다.

어머니 입에서는 저절로 한숨이 흘러나왔습니다.

"휴우우, 이래서는 안 되겠다······."

어머니는 집을 팔고 살림살이를 꾸려 또다시 이사를 갔습니다.

세 번째로 옮겨 간 곳은 서당이 있는 마을이었습니다. 집집마다에서 선비들과 아이들의 글 읽는 소리가 낭랑하게 들려왔습니다.

마음이 놓인 어머니는 며칠을 두고 아들 맹자가 어찌하는지 살폈습니다. 그랬더니 얼마 지나지 않아 맹자의 놀이가 확 변했습니다. 방에 들어앉은 맹자가 책을 펴 놓고 윗몸을 흔들면서 열심히 글 읽는 흉내를 냈던 것입니다.

이런 모습을 본 어머니는 너무 기뻐 입가에는 저절로 미소가 번졌습니다.

"됐다, 됐어! 여기야말로 내 아들을 키울 만한 데이로구나!"

어머니는 그 마을에 눌러앉아 지극한 정성으로 맹자를 키웠습니다.

사람은 환경에 따라 변합니다. 사는 곳의 환경이나 어떤 친구를 사귀는가에 따라 많은 영향을 받습니다. 마을의 풍속이 어질고, 마을 사람들 마음이 순박하고 무던하며 아름다우면 그 행동도 착합니다. 그런 마을을 찾아가 그런 사람들과 함께 사는 사람이 바로 지혜로운 사람입니다.

한자 정리

里 마을 이(리) / 속 이(리)
전(田-밭)과 토(土-토지)가 합해 이루어짐. 밭과 토지가 있고 사람이 있는 곳인 '마을', 또 거리의 단위인 '리'로도 씀.

處 곳 처
안석궤(几-책상)부와 뒤져올치(夊-머뭇거림, 뒤져 옴)부[-지(止지)발을 아래로 향하게 쓴 글자 모양→내려가다→이르는 일]와 범호엄(虍-범의 문채, 가죽)부가 합해 이루어짐. 걸어서 걸상이 있는 곳까지 가서 머무름의 뜻. '곳', '살다', '머무르다'의 뜻으로 쓰임.

● 인물소개

맹자

맹자는 유교 사상가입니다 제후들이 유능한 인재들을 찾는 중국 전국 시대에 나온 제자백가 가운데 한 사람입니다. '제자백가'란 중국 춘추 전국 시대에 활약한 학자들과 학파들을 아울러 이르는 말입니다. 맹자의 성은 맹이고, 이름은 가이며, 자는 자여 또는 자거라고 하는데 확실하지는 않습니다. 기원전 372년 산동성 추에서 태어나 기원전 289년에 세상을 떠났습니다.

맹자는 공자의 유교사상을 공자의 손자인 자사의 문하생에게 배웠습니다.

학문을 배우고 익혀, 몸과 마음을 갈고닦은 맹자는 기원전 320년쯤부터 약 15년 동안 각국을 돌아다니며 자기의 뜻을 전했습니다. 그 당시 제후들이 찾는 것은 부국강병이나 외교적 책모였습니다. 그러나 맹자는 도덕정치인 왕도를 주장했습니다. 현실과 동떨어진 주장이라고 생각한 제후들은 맹자의 뜻을 받아들이지 않았습니다. 그러자 고향으로 돌아와 책을 쓰고 제자들을 가르치며 지냈습니다.

공자의 '인' 사상을 발전시켜 '성선설'을 주장한 맹자는 어릴 때 어진 어머니의 손에서 자라났습니다. 맹모삼천지교는 유명한 고사입니다.

《맹자》는 맹자의 학문과 말을 모아 기록한 것으로 후세에 만들었지만, 맹자의 사상은 그대로 담겨 있습니다. 《맹자》는 《논어》, 《대학》, 《중용》과 함께 '사서'의 하나로 유교의 주요한 경전이 되었습니다. 《맹자》는 맹자의 사상을 알 수 있는 단 한 권뿐인 책이며, 또 전국 시대의 모습을 전하는 흥미 있는 내용으로 가득 차 있습니다.

제후諸侯 봉건 시대에 일정한 영토를 가지고 그 영내의 백성을 지배하는 권력을 가지던 사람.

문하생門下生 스승의 밑에서 가르침을 받는 제자.

책모策謀 어떤 일을 꾸미고 이루어 나가는 교묘한 생각.

왕도王道 인과 덕을 근본으로 천하를 다스리는 도리. 유학에서 이상으로 하는 정치사상이다.

고사故事 유래가 있는 옛날의 일 또는 그런 일을 표현한 어구.

부귀와 빈천

부귀와 빈천, 곧 재산이 많고 지위가 높은 것과 살림이 가난하고 신분이 낮아 천한 것은 사람이 마음먹기에 달려 있습니다.

어느 날 제자들에게 공자가,

"마음이 어질지 못한 사람은 가난에 오래 견뎌내지 못하고, 몸과 마음이 편안하고 즐거운 것도 오래 누리지 못한다네. 그러나 마음이 어진 사람은 인을 몸과 마음이 편안하고 즐거운 것으로 여기고, 지혜로운 사람은 인을 이득으로 여긴다네."

하고 말했습니다.

이 말에는 마음이 어질면 가난해도 늘 행복할 수 있다는 뜻이 담겨 있습니다.

재산이 넉넉하고 신분이 높은 사람이라도, 그 마음이 어질면 부귀를 여러 사람들과 함께 나누기 때문에 오래 누릴 수가 있습니다. 거듭 말하지만 이것은 어진 마음에 변함이 없기 때문입니다.

그러나 마음이 어질지 못한 사람은 가난해지면 악을 저지르고 맙니다. 그뿐만이 아니라, 부귀해져 살림이 넉넉하고 몸과 마음이 편해지면 그것을 즐기지 못해 예를 잃어버리고 태도가 거만해지고 맙니다. 또한 모든 일에 몸가짐을 바르게 하지 못하고 말과 행동도 제멋대로 합니다. 그렇기 때문에 그 부귀를 오래 누리지 못합니다.

인자한 사람은 인을 몸과 마음이 편안하고 즐거운 것으로 삼고, 지혜로운 사람은 인을 이득으로 삼습니다. 이것은 인자한 사람의 마음과 지혜로운 사람의 마음이 잠시도 인에서 떠나지 않기 때문입니다.

이 말은 곧 부귀나 빈천이 인자하고 지혜로우며 어진 어진 사람의 마음을 결코 변하게 할 수 없다는 뜻입니다.

또 제자들에게 공자는,

"사람들은 모두 부와 귀를 바라지만, 정당하게 얻는 것이 아니거든 누리지 말아야 하네. 사람들은 모두 빈과 천을 싫어하지만, 정당하게 돌아온 것이 아니라도 피하지 말아야 하네. 군자가 만일 인을 버린다면 어찌 군자라는 이름을 지킬 수 있겠나! 군자는 밥 먹을 때도 인을 어기지 말아야 하고, 아무리 급한 일이 생겼을 때에도 인을 떠나지 말아야 하며, 아무리 위급한 일이 생겼을 때라도 인을 지켜야 한다네."

라고 말했습니다.

이 말은 사람으로서 부귀와 빈천에 대처해 세상을 옳게 살아가는 방법을 일러준 가르침입니다.

부귀하면 살기가 편하고, 빈천하면 살아가기 괴롭습니다. 부귀하면 다른 사람들이 우러러보고, 빈천하면 사람들이 깔봅니다. 이것이 세상 사람들의 마음입니다.

그래서 사람들은 누구나 부귀를 원하고 빈천을 싫어합니다. 그러나 아무리 부귀에 탐이 나도, 그것이 도리에 맞지 않으면 받아들이지 말아야 합니다. 그것은 어질지 못한 일이기 때문입니다.

그리고 아무리 빈천이 싫더라도 절약하고 열심히 살면 살아가는 데 고통은 없고, 덕을 닦는데 힘을 기울이면 스스로 천해지지는 않습니다.

그러므로 홍수나 지진, 태풍, 원인을 알 수 전염병, 사람의 힘으로는 어쩔 수 없는 빈천은 물론, 자기 자신의 잘못이나 다른 사람이 잘못해 당하는 빈천이라고 해도, 이것을 피하고 벗어나기 위해 함께 흐린 물속에 휩쓸려 들어가지 말아야 합니다. 만일 그렇게 하면 곧바로 어질지 못한 일을 저지르게 되기 때문입니다.

그러므로 사람은 어진 마음에서 떠나면 바람직한 사람이 될 수 없습니다.

우리는 잠시라도 어진 마음을 버려서는 안 되고, 또한 아무리 위급한 일이 생겼을 때라도 인에서 벗어나는 몸가짐이며 말과 행동을 해서는 안 됩니다.

민심이 순박하고 인정이 두터웠던 옛 시대에도, 어진 일을 실천하는 사람은 극히 드물었나 봅니다.

그래서 공자는 제자들에게,

"나는 아직까지 제대로 인을 좋아하는 사람과 불인을 미워하는 사람을 보지 못했네……. 단 하루만이라도 인을 행하려고 있는 힘을 다 써 본 사람이 있는가? 나는 아직 힘이 모자라 못하는 사람을 보지 못했네. 그런 사람이 있을 법도 하지만, 나는 못 보았다네."

하고 말하면서 참으로 어진 사람이 없다고 한숨지었습니다.

'그런 사람이 있을 법도 하지만, 나는 못 보았다'는 말을 우리는 여러 번 되씹고 가슴에 깊이 새겨야 합니다.

생각해 보세요. 먼 옛날부터 지금까지 '인을 좋아하는 사람과 불인을 미워하는 사람'은 몇이나 있을까요? 또 지금 나 자신은 어떤 사람일까요?

논어 수업 》 예절을 지키며 어질게 사는 길

도를 들어 깨달으면

아침에 도를 들어 깨달으면, 저녁에 죽어도 좋다.

朝聞道면 夕死라도 可矣니라.
조 문 도   석 사   가 의

《논어》〈이인편〉에 실려 있는 글입니다.

사람이 도를 모르고 취한 듯, 꿈꾸는 듯 사는 것보다 하루를 살더라도 도를 알고 참되게 살라는 말입니다.

사람으로서 모든 도리와 진리를 깨닫는 것은 무척 어렵습니다. 도는 저절로 깨닫게 되는 것이 아닙니다. 도를 열심히 닦고 어진 사람에게 물어야 도를 들을 수 있고, 도를 깨달을 수 있는 것입니다.

'아침에 도를 들어 깨달으면 저녁에 죽어도 좋다.'

무척 유명한 말입니다.

'천상천하유아독존(天上天下唯我獨尊)'이란 '우주 가운데 자기보다 더 귀한 사람은 없다', 다시 말해서 '사람이 우주만큼 위대하다'는 뜻인데, 석가모니가 태어났을 때 처음으로 한 말입니다.

그런데 공자는 왜 우주와도 바꿀 수없는 목숨을 던진다고 했을까요?

이것은 내 목숨보다 더 귀한 것이 있지 않고는 불가능합니다. 내 목숨은 분명 한없이 귀합니다. 그러나 한편으로 생각하면 다른 사람 목숨보다 내 목숨이 더 가치 있다고 할 수만은 없습니다. 내 몸 하나 바쳐 온 가족을 살릴 수 있다면 누구나 바치려 할 것입니다. 이것이 바로 공자의 뜻입니다. 내 목숨 하나 던져 세상을 구하고 온 세상 사람을 구할 수 있다면 군자가 마다할 리 없습니다. 공자는 이것을 실천했습니다.

일설에 따르면, 공자가 죽음을 앞 둔 친구에게 한 말이라고 합니다. 육체의 생명이 다한 것보다도 정신적인 깨달음이 더 크다고 격려한 것입니다.

더 크게 보면, '아침에 도를 들어 깨달으면 저녁에 죽어도 좋다'는 이 말은 공자 자신의 소원이었습니다. 그리고 도를 구하는 제자들에게 한 간곡한 충고였습니다. 또한 이 세상 모든 사람들 마음에 심어 준 귀한 말입니다.

일설─設 어떤 하나의 주장이나 학설.

격려激勵 용기나 의욕이 솟아나도록 북돋워 줌.

한자 정리

朝 아침 조, 고을 이름 주
달월(月-초승달)부와 부수를 제외한 글자 조로 이루어짐. 달(月)이 지며 날이 밝아 온다는 뜻이 합해 '아침'을 뜻함.

聞 들을 문
뜻을 나타내는 귀이(耳-귀)부와 음을 나타내는 문(門-입구)으로 이루어짐. 소리가 귀로 들어가다→들리다. '듣다'의 뜻으로 쓰임.

夕 저녁 석, 한 음큼 사
석(夕)은 달의 모양을 본뜸. 아주 옛날엔 월(月-달)과 석(夕)의 구별이 없었음. 나중에 달 자체는 월(月), 달이 뜨는 밤의 뜻으로는 석(夕)이 쓰였음. 다시 나중에 해가 질 무렵부터 밤이 되기까지의 사이인 '저녁'은 석(夕), 밤은 야(夜)로 구별해서 쓰게 됨.

死 죽을 사
죽을사변[歹(=歺)-뼈, 죽음]부는 뼈가 산산이 흩어지는 일을 나타냄. 즉 사람이 죽어 영혼과 육체의 생명력이 흩어져 목숨이 다해 앙상한 뼈만 남은 상태로 변해 '죽음'을 뜻함.

논어 수업 » 예절을 지키며 어질게 사는 길

부끄러워할 일

선비가 도에 뜻을 두면서,
나쁜 옷과 나쁜 음식을 부끄러워한다면,
그 선비와 더불어 도를 의논할 수 없다.

士志於道하되 而恥惡衣惡食者는 未足與議也니라.
사 지 어 도　　이 치 악 의 악 식 자　　미 족 여 의 야

이 글은 《논어》〈이인편〉에 실려 있습니다.

학문하는 사람들의 마음이 재물과 벼슬, 공명에 쏠려 있는 것을 나무라는 말입니다.

학문은 먼저 마음을 닦기 위한 수단입니다. 그러니 마음이 가난한 것을 부끄러워할 일이지 몸이 가난한 것은 흠이 될 수도 없고 부끄러워할 일도 아닙니다.

사람은 살림이 넉넉하다고 해서 지나치게 사치하거나 호의호식해서는 안 됩니다.

그러나 아무리 가난하다 해도 때 묻고 해어진 옷을 입어서는 안 됩니다. 몸가짐은 어디까지나 깨끗하고 단정해야 하기 때문입니다.

공명空名 실제에 맞지 않는 부풀린 명성.

호의호식好衣好食 좋은 옷을 입고 좋은 음식을 먹음.

논어 수업 » 예절을 지키며 어질게 사는 길

군자와 소인의 생각 차이

군자는 큰 덕을 생각하고,
소인은 편안한 삶의 터를 생각하며,
군자는 보편적인 법을 생각하고,
소인은 특별한 혜택을 얻으려고 생각한다.

君子는 懷德하고 小人은 懷土하며
군 자 회 덕   소 인 회 토

君子는 懷刑하고 小人은 懷惠니라
군 자 회 형   소 인 회 혜

《논어》〈이인편〉에 실려 있는 글입니다.

군자와 소인의 생각 차이를 서로 빗대어 말하고 있습니다.

학식과 덕행이 높은 사람의 생각은 공평하고 사사로움이 없습니다. 그러나 간사하고 도량이 좁은 사람의 생각은 공평하지 못하고 사사로움에 치우쳐 자기 이익만을 탐냅니다.

덕이 높고 법을 잘 아는 사람은 세상 모든 사람에게 그것을 고루 베풀고, 세상 사람들을 똑같이 대해 줍니다.

그러나 소인의 생각은 자기 욕심만을 챙기고 다른 사람에게 돌아가지 않

도량度量 사물을 너그럽게 용납해서 처리할 수 있는 넓은 마음과 깊은 생각.

는 특별한 혜택을 얻으려고 합니다. 이런 사람들의 잘못된 생각이 바로 우리가 속한 이 사회에 바람직하지 못한 부정과 악을 싹트게 합니다.

 한자 정리

懷 품을 회
뜻을 나타내는 심방변[忄(=心, 㣺)-마음, 심장]부와 음과 되풀이하다의 뜻을 나타내는 글자 회(褱)로 이루어짐. 마음에 돌이켜 생각하다의 뜻인 '생각하다'로 쓰고, '품다'로도 쓰임.

土 흙 토, 뿌리 두, 쓰레기 차
초목(草木)의 싹이 흙덩이를 뚫고 땅 위로 돋아나는 모양을 본뜬 글자로, '흙'을 뜻함. 토지 신의 신체(神體)를 나타냄. 나중에 이것을 사(社)로 쓰고, 토(土)는 토지→흙의 뜻이 되었음.

惠 은혜 혜
말과 행동을 삼가고(부수를 제외한 글자) 어진 마음(心)을 베푸니 '은혜'를 뜻함. 어진 사람은 자기 자신을 삼가고 남을 위함.

 논어 수업 » 예절을 지키며 어질게 사는 길

이익만 보고 행동하면

이익만 보고 행동하면, 원망을 많이 듣는다.

放於利而行이면 多怨이니라.
방 어 리 이 행   다 원

이 글은 《논어》〈이인편〉에 실려 있습니다.

짧은 말이지만 크게 깨우침을 주는 말입니다.

이익이란 대부분 이해가 서로 어긋나고 반대됩니다. 자신만의 이익을 바라고 행동하다 보면, 거기에는 반드시 상대는 손해를 입게 됩니다. 그렇게 되면 자연히 그들에게 원성을 듣고, 많은 원망도 받게 됩니다.

그러나 여러 사람의 이익을 늘리려 노력하고 행동한다면 문제는 다릅니다. 그렇게 되면 여러 사람에게 칭찬을 받고 우러름도 받게 됩니다.

남들에게 원망을 받으면 참으로 슬픈 일입니다. 깊이 생각해 볼 말입니다.

 한자 정리

多 많을 다
다(多)는 夕(석-저녁)을 겹친 모양이 아니고 신에게 바치는 고기를 쌓은 모양으로 물건이 '많다'의 뜻을 나타냄. 뒷날에 와서 석(夕-밤)이 거듭 쌓여서 다(多)가 되었다고 생각하게 되었음.

논어 수업 》 예절을 지키며 어질게 사는 길

참으로 불쌍한 인생살이

군자는 정의에 밝고, 소인은 이익에 밝다.

君子는 喩於義하고 小人은 喩於利니라.
군자   유 어 의   소 인   유 어 리

이 글은 《논어》〈이인편〉에 실려 있습니다.

군자는 정의를 위해 살고, 소인은 이익을 위해 산다는 뜻입니다.

가슴에 깊이 가슴에 새겨 두고 늘 생각해야 할 명언입니다.

사람이란 누구나 자신의 삶의 목표를 어디에 두느냐에 따라 착한 사람도 되고 나쁜 사람도 됩니다.

수양을 쌓아 덕을 지닌 사람은 의로움을 앞세우고 이익을 뒤로 미루지만, 수양을 쌓지 않아 간사한 사람은 이익을 앞세우고 의로움을 돌보지 않습니다.

옳고 그름을 가리지 않고 자기 이익만 탐하는 삶, 그것은 참으로 불쌍한 인생살이입니다.

명언 名言 사리에 맞는 훌륭한 말.

의롭다 바르고 옳은 일을 위하여 자기를 돌보지 않는 정신이 있다.

논어 수업 》 예절을 지키며 어질게 사는 길

부모를 섬기면서

부모를 섬길 때 부모가 잘못하거든
부드럽게 말해야 한다.
만일 부모가 내 뜻을 따르지 않아도,
더욱 공경해 모시고
부모의 뜻을 어기지 말아야 하며,
부모를 위해 어떤 고생을 해도
부모를 원망하지 말아야 한다.

事父母하되 幾諫이니 見志不從하고
사 부 모   기 간   견 지 부 종

又敬不違하며 勞而不怨이니라.
우 경 불 위   노 이 불 원

《논어》〈이인편〉에 실려 있는 글입니다.

효는 덕의 근본이고, 인의 근본입니다. 또한 사람의 모든 행동의 출발점이고, 종착점입니다.

만일 부모가 잘못하는 일이 있다면, 부드러운 얼굴빛과 목소리로 말해 그 잘못된 일을 깨우쳐 고치도록 이끌어 주어야 합니다. 그러나 부모에게 얼굴빛을 붉히지 말아야 하고, 남에게 드러내 부모의 잘못을 말하지 말아야 합니다.

그렇게 하다가 만일 부모에게 꾸중을 들어 괴로워도 혼자 속으로 애태울 것이지, 결코 부모를 원망하지 말아야 합니다.

왜냐고요? 그것이 바로 효도이기 때문입니다.

 한자 정리

父 아버지 부/아비 부, 자 보
 우(又-손)와 곤(ǀ-회초리)이 합해 이루어짐. 곤(ǀ-회초리)은 집안을 다스리는 지배권을 나타내, 자식을 훈계하는 엄한 아버지라는 뜻으로 '아버지'를 뜻함.

母 어머니 모
 어머니가 아이에게 젖을 먹이는 모양을 본뜬 글자로 '어머니'를 뜻함.

논어 수업 » 예절을 지키며 어질게 사는 길

기쁘고도 걱정되는 것

부모의 연세는 꼭 알고 있어야 한다.
한편으로는 그것으로 기뻐하고,
또 한편으로는 그것으로 걱정되기 때문이다.

父母之年은 不可不知也니
부모지년   불가부지야

一則以喜요 一則以懼니라.
일즉이희   일즉이구

이 글은 《논어》〈이인편〉에 실려 있습니다.

부모의 연세를 알아 두는 것이 자식 된 도리라는 뜻입니다.

부모의 연세가 많아지면 자식은 기쁘면서도 한편 걱정이 됩니다. 그것은 부모가 오래 사는 것을 생각하면 기쁜 일입니다. 그러나 다른 한편으로 여생이 얼마 남지 않았다는 것을 생각하면 걱정이 되고 두려우며 슬퍼집니다.

자식 된 도리를 다하기란 참으로 어려운 일입니다. 그러니 돌아가신 뒤에 슬퍼하며 후회하지 말고, 살아계신 동안 온 정성을 다해 어버이를 섬겨야 합니다.

여생餘生 남은 생애. 앞으로 남은 인생.

논어 수업 》 예절을 지키며 어질게 사는 길

함부로 말하지 않은 이유

옛사람이 함부로 말하지 않은 것은,
실천을 못하면 부끄럽기 때문이다.

古者 言之不出은 恥躬之不逮也니라.
고 자 언 지 불 출   치 궁 지 불 체 야

《논어》〈이인편〉에 실려 있는 글입니다.

말과 행동은 한결같이 일치되어야 한다는 교훈이 담겨 있습니다.

어느 날 제자 자공이,

"스승님, 어떤 사람을 군자라고 합니까?"

하고 물었을 때 공자가,

"먼저 실천하고 난 뒤에 할 말을 하는 사람을 군자라고 한다네."

라고 대답해서 말보다 실천을, 곧 행동을 앞세우라고 가르쳐 주었습니다. 왜냐하면 자공은 말을 잘하기로 유명했기 때문입니다.

우리 속담에 '말 한마디에 천 냥 빚도 갚는다'는 말이 있습니다. 말만 잘하면 어려운 일이나 불가능해 보이는 일도 해결할 수 있다는 뜻입니다. 또한 거짓이 아닌 참된 마음이 담긴 말을 잘하는 사람은, 사람들과 사귀며 살아가는 데 유리하다는 뜻으로도 풀이할 수 있습니다.

그리고 '말 많은 집은 장맛도 쓰다'라는 속담도 있고, '말은 해야 맛이고 고기는 씹어야 맛이다'라는 속담도 있습니다.

앞 속담은 집안에 잔말이 많으면 살림이 잘 안 된다는 뜻이 있고, 입으로는 그럴듯하게 말하지만 속내는 좋지 못하다는 뜻도 있습니다. 그리고 뒤 속담은 마땅히 할 말은 해야 한다는 뜻이 담겨 있습니다.

이렇듯 말은 조심하고 경계해야 합니다.

우리 주위에도 행동은 제쳐놓고 말만 앞세우는 친구들이 많습니다. 이런 친구는 말이 많다고 다른 친구들에게 손가락질을 받습니다.

그렇다면 나는 말과 행동을 어떻게 하고 있나요?

한자 정리

古 옛 고
여러[십(十)] 대에 걸쳐 입[구(口)]으로 전해온다는 뜻이 합해서 '옛날'을 뜻함.
십(十)과 구(口)를 합한 모양으로 십대(十代)나 입에서 입으로 전하다 → 낡다 → 옛날의 뜻이라고 생각하게 되었음.

出 날 출
식물의 싹이 땅 위로 돋아나는 모양을 본뜬 글자로 '나다'를 뜻함.

恥 부끄러울 치
뜻을 나타내는 마음심[心(=忄, 㣺)-마음, 심장]부와 음과 붉다의 뜻을 나타내기 위한 이(耳→ 치)로 이루어짐. 마음 속으로 생각해 얼굴이 붉어지다의 뜻에서 '부끄러워하다'로 씀.

논어 수업 》 예절을 지키며 어질게 사는 길

단단히 죄고 단속하는 사람

모든 일을 단단히 죄고 단속하는 사람은,
실수가 적다.

以約失之者는 鮮矣니라.
이 약 실 지 자   선 의

이 글은 《논어》〈이인편〉에 실려 있습니다. 말과 행동을 조심하라고 일러 주고 있습니다. 모든 일에 늘 조심해야 합니다. 무슨 일이든 가볍게 보고 덤벙거리다 보면 실수를 저질러 후회하게 됩니다.

그래서 세상의 모든 일은 자신의 능력에 맞추어 생각하고 이치에 맞게 처리해야 합니다.

한자 정리

約 맺을 약
뜻을 나타내는 실사(糸－실타래)부와 음을 나타내는 작(勺－꺼내는 일, 다른 것과 확실히 구분 짓는 일→약)이 합해 이루어짐. 묶다→꼭 묶는 일을 뜻하고, '묶다', '맺다', '약속'의 뜻으로 쓰임.

鮮 고울 선, 생선 선
선(魚)과 같은 문자. 부드러운 양고기(羊)처럼 맛있는 물고기(魚)는 싱싱하다는 뜻을 합해 '곱다'를 뜻함.

논어 수업 » 예절을 지키며 어질게 사는 길

덕이 있는 사람

덕이 있는 사람은 외롭지 않다.
그 사람에게는 반드시 이웃과 벗이 있기 때문이다.

德不孤라 必有隣이니라.
덕 불 고   필 유 린

《논어》〈이인편〉에 실려 있는 글입니다.

덕을 지녀 어진 사람은 어느 시대나, 어느 사회에서나 외롭지 않습니다. 그런 사람은 언제나 많은 사람들이 존경하며 따르기 때문입니다.

덕을 지녀 어진 사람은 남이 보기에는 어쩌다 외로울 때가 있을지 모릅니다. 그러나 외롭지 않습니다. 인심이 후한 집에 이웃 사람과 친구들이 많이 몰리듯이, 덕을 따라 덕 있는 이웃과 친구들이 모여들기 때문입니다.

우리 마음에 깊이 새겨서, 두고두고 생각하며 실천해야 할 귀한 뜻이 담겨 있습니다.

논어 수업 》 예절을 지키며 어질게 사는 길

물과 불보다 더 중한 것

백성들에게 필요한 인은,
물과 불보다 더 중요하다.
나는 물과 불을 밟다 죽는 사람은 보았지만,
아직까지 인을 밟으며 실천하다
죽는 사람은 보지 못했다.

民之於仁也에 甚於水火하니
민 지 어 인 야   심 어 수 화

水火는 吾見蹈而死者矣어니와 未見蹈仁而死者也니라.
수 화   오 견 도 이 사 자 의   미 견 도 인 이 사 자 야

이 글은 《논어》 〈위령공편〉에 실려 있습니다.

물과 불이 없으면 사람은 하루도 살 수 없습니다. 그러나 인은 그 물과 불보다도 더 필요하고, 더욱 더 중요하다는 뜻입니다. 그리고 어질지 못한 사람이나 이웃과 사회에 해만 끼치는 사람은 차라리 죽느니만 못하다는 뜻입니다.

가장 적절한 비유입니다.

물과 불은 사람에게 필요한 것이지만, 너무 가까이 하면 해가 됩니다. 때

로는 물에 빠져 죽기도 하고, 때로는 불에 타 죽기도 합니다. 그러나 인은 아무리 가까이 해도 해가 되거나 죽는 일은 결코 없습니다. 이렇게 꼭 필요하고 이롭기만 한 인을, 사람들은 왜 가까이 하고 애써 실천하려 하지 않을까요?

눈앞에 보이는 작은 이득에만 눈이 어두워, 날로 야박해지는 세상인심이 야속하기만 합니다. 착하고 어질며 의로운 일, 그것은 바로 내 사람됨과 덕을 높여 주는 길이라는 것을 우리는 잊지 말아야 합니다.

야박野薄 야멸차고 인정이 없음.

세상인심世上人心 세상 사람들의 마음.

야속野俗 쌀쌀맞고 인정이 없음. 섭섭하게 여겨져 언짢음.

 한자 정리

火 불 화
불이 타고 있는 모양을 본뜸. 화산이 불을 뿜는 모양이라고도 일컬어짐. 나중에는 화(火)가 화(化)와 같은 음이므로 물건의 모양을 변경시키거나 없애는 것이라고 설명하고, '불', '태우다'의 뜻으로 쓰임.

논어 수업 》 예절을 지키며 어질게 사는 길

스승에게도 양보하지 마라

인을 실천하는 데에는,
스승에게도 양보하지 마라.

當仁에는 不讓於師니라.
당 인   불 양 어 사

《논어》〈위령공편〉에 실려 있는 글입니다.

참으로 적극적인 말입니다.

공자는 스승의 그림자도 밟지 말라고 가르쳤습니다. 예로부터 임금과 스승과 아버지의 은혜가 같다고 하면서 존경하던 것이 우리 선조들의 덕목이었습니다. 군사부일체(君師父一體)가 바로 그것입니다.

사람의 겸손한 태도와 사양할 줄 아는 마음은 예절의 첫걸음이며, 교양을 갖춘 사람의 미덕입니다. 더구나 스승에게 가르침을 받는 제자는 그 스승을 존경하며 깍듯이 받들고 극진히 모셔야 합니다. 그러므로 모든 것에서 스승을 따르고 스승에게 양보해야 합니다.

그러나 인을 실천하는 데에는 스승보다 앞장서야 하고, 또한 양보해서도 안 됩니다. 이것은 결코 예의를 갖추지 못하거나 예의에 벗어난 것이 아닙니다. 인을 실천하는 데에서는 그만큼 적극성을 띠어야 하기 때문입니다. 세상

덕목德目 충(忠), 효(孝), 인(仁), 의(義) 따위의 덕을 분류하는 명목.

사양辭讓 겸손해서 받지 않거나 응하지 아니함. 또는 남에게 양보함.

을 살아가다 보면 경우에 따라서는 스승을 버리고 인을 따라야 할 때도 있습니다.

겸손하게 양보하는 것이 미덕이라고 하지만, 착하고 어질며 의로운 일을 남에게 양보하는 것은 미덕이 될 수 없습니다.

 한자 정리

當 마땅 당
뜻을 나타내는 밭전(田-밭)부와 음을 나타내는 상(尙→당)이 합해 이루어짐. 상(尙→당)은 높은 창문에서 연기가 나가는 모양→위, 위에 더하다→충당하다라는 뜻을 나타냄. 전(田)은 논밭, 당(當)은 이 밭과 저 밭이 서로 포개어 맞추듯이 꼭 들어맞는 일의 뜻을 나타냄. '마땅'의 뜻으로 쓰임.

師 스승 사
왼쪽(지층의 겹)과 오른쪽(골고루 돎)이 합해 이루어짐. 옛날에는 언덕에 사람이 모여 살고 또 군대가 주둔해서, 사람이 많다는 뜻에서 수도도 사(師)의 뜻이 되고, 군대의 뜻이 됨. 또 사람의 모범이 되어 남을 이끄는 선생의 뜻이 되어 '스승'으로 쓰임.

 논어 수업 》 예절을 지키며 어질게 사는 길

내가 하고 싶지 않은 일

자기가 하고 싶지 않은 일을,
남에게 베풀지 말아야 한다.

己所不欲을 勿施於人이니라.
기소불욕　　물시어인

이 글은 《논어》〈위령공편〉에 실려 있습니다.

어느 날 자공이,

"스승님, 한 마디 말로 평생 동안 실천할 만한 것이 있습니까?"

하고 묻자 공자가,

"그것은 서(恕)라네. 자기가 하고 싶지 않은 일을 남에게 베풀지 말아야 하는 것이지."

라고 대답했습니다.

내가 하고 싶지 않는 일을 남에게 베푸는 것은, 곧 내가 하기 싫은 일이나 귀찮은 일을 남에게 떠맡기는 것입니다. 그것은 자선도 아니고 인도 아닙니다.

공자는 평생 동안 실천해야 할 일이 바로 '남을 용서하는 일'이라고 했습니다. 용서할 '서' 자는 '어질다'는 뜻과 '헤아린다'는 뜻도 가지고 있습니다. '인'

은 바로 '다른 사람을 내 몸처럼 사랑하는 일'입니다. 공자는 이 '서'의 뜻을 '자기가 하고 싶지 않은 일을 남에게 베풀지 말아야 하는 것'이라고 풀이했습니다.

 한자 정리

己 몸 기
본래 구불거리는 긴 끈 모양을 본뜸. 굽은 것을 바로잡는 모양 → 일으키는 일의 뜻으로 쓰임. 일으키다의 뜻은 나중에 기(起)로 쓰고, '몸'을 뜻하는 기(己)는 여섯 번째 천간(天干)으로 쓰게 되었음.

欲 하고자 할 욕
뜻을 나타내는 하품흠(欠−하품하는 모양)부와 음을 나타내는 곡·욕(谷)이 합해 이루어짐. 흠이 입을 벌린 사람의 모양이며 흠이 붙는 글자 가(歌)·음(飮) 등은 입으로 무엇인가 함을 나타냄. 후세에 심(心)을 더해 욕(慾)이라 쓰고 보통 주로 욕(慾)은 명사, 욕(欲)은 동사로 씀. 먹을 것과 무엇인가 더욱 하고자 하는 일의 뜻을 가진 '하고자 하다'에서 '욕심'으로 쓰임.

勿 말 물, 털 몰
장대 끝에 기 세 개가 달려 있는 모양. 음을 빌어 '말다', '없다' 등 부정·금지의 뜻을 가진 어조사로 씀.

몸과 마음을 닦으며 덕을 쌓는 길

- 수양의 지름길
- 부모가 살아 계시면
- 더디게 할 것과 재빠르게 할 것
- 스스로 꾸짖는 사람
- 사이비 군자
- 요행이란 것
- 삶의 진리
- 참으로 아는 것

논어 수업 》 몸과 마음을 닦으며 덕을 쌓는 길

수양의 지름길

어진 사람을 보면
그와 같아지기를 생각해야 하며,
어질지 못한 사람을 보면
자신을 비추어 보고 반성해야 한다.

見賢思齊焉하며 見不賢而內自省也니라.
견 현 사 제 언　　　견 불 현 이 내 자 성 야

《논어》〈이인편〉에 실려 있는 글입니다.

이 글은 품성과 지와 덕을 닦는 수양법을 일러 주고 있습니다.

어질고 덕이 높은 사람을 보면, 그 사람의 어질고 높은 덕을 본받아 그와 같이 되기를 노력해야 합니다. 그리고 악한 사람을 보면,

'나는 그렇지 않은가?'

하고 스스로에게 물어 반성하고, 그렇게 되지 않기를 노력하는 것이 자기 몸과 마음을 갈고닦는 수양의 지름길입니다.

수양修養 몸과 마음을 단련하여 지식과 덕성을 깨우침.

논어 수업 » 몸과 마음을 닦으며 덕을 쌓는 길

부모가 살아 계시면

부모가 살아 계시면, 멀리 놀러가지 말고,
어쩔 수 없이 놀러 갈 때에는
반드시 부모에게 갈 곳을 알리고
연락할 장소를 정해 두어야 한다.

父母在시면 不遠遊하고 遊必有方이니라.
부모재   불원유   유필유방

이 글은 《논어》〈이인편〉에 실려 있습니다.

부모는 자녀들이 잠시라도 눈에 띄지 않으면 여러 가지로 걱정을 합니다. 그러므로 부모를 잘 봉양하는 것도 효도지만, 부모의 걱정을 덜어 주는 것은 더 훌륭한 효도입니다.

한편으로 연세가 많은 부모를 모시는 자식들은, 부모가 언제 병을 앓을지 모르고, 언제 돌아가실지도 모릅니다. 그러므로 부모는 늘 가까이에서 모셔야 합니다. 그러나 어쩔 수 없는 사정으로 먼 길을 떠날 때는 갈 곳이 어딘지 알리고, 도착한 뒤에는 지금 있는 곳을 부모에게 꼭 알려서 걱정을 덜어 주어야 합니다.

봉양奉養 부모나 조부모와 같은 웃어른을 받들어 모심.

논어 수업 » 몸과 마음을 닦으며 덕을 쌓는 길

더디게 할 것과 재빠르게 할 것

군자는 말은 더디게 하고,
실천은 재빨리 해야 한다.

君子는 欲訥於言하고 而敏於行이니라.
군자   욕눌어언   이민어행

《논어》〈이인편〉에 실려 있는 글입니다.

이 글은 '군자는 말이 행동보다 앞서는 것을 부끄러워해야 한다'는 말과 같은 뜻이고, '말은 더디게 하고 실천은 재빠르게 하라'는 가르침이 담겨 있습니다.

사람이 세상을 살아가다 보면 하고 싶은 말이 많습니다. 그러나 하고 싶은 말이라고 다 할 수는 없습니다.

때로는 꼭 해야 할 말도 꾹 참고 하지 말아야 할 때가 있습니다.

'말은 더디게 하고'란, 말을 못해 더듬거리는 것이 아닙니다. '매우 조심스럽게 생각해서 말을 해야 한다'는 뜻입니다.

사람이 행동보다 가볍게 말을 앞세우면 실수하는 일이 많습니다. 그 잘못된 말 때문에 몸을 망치거나 앞일을 망치기도 합니다.

사람이라면 누구나 편안하고 한가하기를 바랍니다. 그러다 보면 게으르고 느려지게 됩니다.

 이것을 마음에 새기고 스스로를 채찍질하지 않으면 착하고 옳은 일을 할 수 없습니다.

 한자 정리

訥 말 더듬거릴 눌
언(言)과 내(內)가 합해 이루어짐. 내(內→눌)이 음을 나타냄. 말이 안에 있어 나오기 어려움의 뜻을 가진 '말을 더듬거리다'로 씀.

於 어조사 어, 탄식할 오, 어조사 우
오(烏−까마귀) 옛 글자의 약자로, 까마귀의 모양을 본뜸. 음 빌어 '아'와 같은 감탄사로, 관계·비교를 나타내는 '～에서', '～부터'와 같은 '어조사'로 쓰임.

敏 민첩할 민
뜻을 나타내는 등글월문[攵(=攴) − 일을 하다, 회초리로 치다]부와 음을 나타내는 매(每→민)로 이루어짐. 강제로 일하게 하다의 뜻. 나중에는 '민첩하다', '재빨리 시키다'의 뜻을 나타냄.

논어 수업 》 몸과 마음을 닦으며 덕을 쌓는 길

스스로를 꾸짖는 사람

아아, 이제 다 끝장이다!
내 여태껏 제 잘못을 살펴 깨닫고,
마음속으로 스스로를 꾸짖는 사람을 못 보았다!

己矣乎라. 吾未見能見其過하고 而內自訟者也니라.
이 의 호　　오 미 견 능 견 기 과　　　이 내 자 송 자 야

이 글은 《논어》〈공야장편〉에 실려 있습니다.

사람이 사회적으로 집단생활을 해나갈 때, 가장 중요한 것은 도의가 바로 서야 한다는 것입니다.

그런데 과학이 발달하고 사회적 문명도 날로 발전하면서 사람들 생활은 하루가 다르게 점점 더 좋아지고 있습니다. 그러나 사회적 도의와 사람들의 양심은 점점 더 나빠져 땅에 떨어지고 있습니다. 참으로 안타까운 일입니다.

이 글을 읽고 미루어 생각해 보면 공자가 살았던 시대, 사람들 마음이 착하고 순박했던 그 옛 시대에도 사회적 도의가 바로 서지 못한 것은 마찬가지였나 봅니다.

이 글에서 공자는 도의가 땅에 떨어지는 것을 슬퍼하며 한숨짓고 있으니 말입니다. 자기 자신을 탓할 줄 모르고 남만 탓하는 사람들 앞에서 공자는

크게 실망합니다.

　하기야 자기 자신의 잘못을 스스로 깨닫기도 어려운데, 그것을 마음속으로 미워하면서 자기 스스로 고치려고 노력하는 사람은 과연 얼마나 될까요?

　그렇다고 공자는 인과 도의를 포기하지 않습니다. 지금까지는 못 보았지만, 앞으로는 볼 수 있을 것이라는 희망을 버리지 않고 있습니다.

　나 자신의 사람됨은 남이 다듬고 만들어 주는 것이 아닙니다. 그래서 우리는 자기 자신의 마음을 스스로 채찍질하고, 스스로 몸과 마음을 갈고닦아 다듬어 나가야 하는 것입니다.

 한자 정리

能 능할 능, 견딜 내
곰(문자의 왼쪽 부분(部分))과 짐승의 발바닥(문자의 오른쪽 부분)의 모습을 뜻하는 글자로 곰의 재능이 다양하다는 데서 '능하다'를 뜻함. 월[月 → 육(肉)]은 살, 마늘모(厶)부는 큰 머리의 모양에서 변한 것. 머리가 큰 곰 같은 동물의 모습. 이 동물은 힘이 세고 고기 맛이 좋기 때문에 이 글자를 빌어 사람의 일이 충분히 된다는 뜻으로도 쓰고, 나중에 곰을 나타내기 위해서 웅(熊)이라는 글자를 따로 만들었음.

訟 송사할 송, 용납할 용
뜻을 나타내는 말씀언(言-말하다)부와 음과 다툰다는 뜻을 나타내기 위한 공(公 → 송)으로 이루어짐. 말로 옳고 그름을 '다툰다'는 뜻을 나타냄.

自 스스로 자
사람의 코의 모양을 본뜬 글자→코. 사람은 코를 가리켜 자기를 나타내므로 '스스로'라는 뜻으로 삼고, 또 '혼자서 ~로부터' 등의 뜻으로도 씀. 나중에 코의 뜻에는 비(鼻)라는 글자가 생겼음.

논어 수업 》 몸과 마음을 닦으며 덕을 쌓는 길

사이비 군자

세속에 아첨하는 사이비 군자는, 덕을 해친다.

鄕原은 德之賊也니라.
향 원   덕 지 적 야

이 글은 《논어》〈양화편〉에 실려 있습니다.

어느 날 제자 만장이,

"스승님, 향원이란 무슨 뜻인가요?"

하고 묻자 맹자가,

"겉으로는 선량한 척하지만 속으로는 나쁜 마음을 품고 죄 없는 백성들을 괴롭히는 사이비 군자를 이르는 말이지."

하고 대답했습니다.

"폭군같은 가짜 군자, 나쁜 군자를 이르는 말이군요."

"그렇다네."

맹자가 대답한 것처럼, 공자도 '사이비 군자'를 경계해 말했습니다. 사이비 군자는 불의를 일삼는 사악한 사람들이나 무식하고 어리석은 사람들과 함께 어울리기를 좋아합니다. 그렇게 해서 그 사람들에게 존경을 받으려고 인기를 모으기를 좋아합니다. 이런 사이비 군자의 나쁜 행동은 참 군자의 정의와 덕망을 해치는 행동입니다.

사이비似而非 겉으로는 비슷하나 속은 다름.

폭군暴君 사납고 악한 임금. 또는 다른 사람을 힘이나 권력으로 억누르며 사납고 악한 짓을 하는 사람을 비유적으로 이르는 말.

사악邪惡 마음이나 생각이 간사하고 악독함.

다른 사람 말만 듣고 덕망이 높다고 할 수 없습니다. 그러니 사람을 사귈 때는 신중히 하라는 뜻입니다.

 한자 정리

鄕 시골 향
마을[邑(읍)]과 마을이 서로 마주해 길이 통하다의 뜻→마을, (白+匕)의 옛 모양은 음식을 가운데 두고 마주 앉은 사람의 모습을 본뜬 것이며, 본디 식사를 한다는 뜻으로는 따로 향(饗)을 쓰게 되었음. '시골', '마을', '고향(故鄕)'의 뜻으로 쓰임.

原 언덕 원 / 근원 원
민엄호(厂 – 굴바위, 언덕)부와 천(泉 – 물의 근원)이 합해 이루어져 '언덕', '근원'의 뜻으로 쓰임. 계곡의 맑은 물이 흘러나오는 수원(水原)의 뜻이 나중에 '들판'의 뜻으로 쓰이게 되자 수원의 뜻으로는 원(源)이라는 글자가 따로 만들어졌음.

賊 도둑 적
무기[戎]를 들고 재물[貝]을 훔치는 무리라는 데서 '도둑'을 뜻함.

 논어 수업 》 몸과 마음을 닦으며 덕을 쌓는 길

요행이란 것

사람이 살아가는 도리는 정직에 있으니,

이것을 무시하고 살면,

요행히 벌에서 벗어났을 뿐이다.

人之生也直이니 罔之生也면 幸而免이니라.
인 지 생 야 직   망 지 생 야   행 이 면

《논어》〈옹야편〉에 실려 있는 글입니다.

'요행'이란 '뜻밖에 얻는 행운'이라는 뜻입니다.

요행은 좋은 일에서는 떳떳하지 못하고, 좋지 못한 나쁜 일에서는 부끄러운 일입니다.

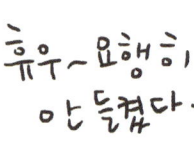

사람의 천성은 정직해서 세상을 살아갈 때도 정직하고 성실합니다. 이것이 바로 하늘이 정한 이치입니다.

그런데 많은 사람들이 이 이치를 어기고 옳지 않은 방법으로 부정을 저지르며 살면서도 군자 행세를 하고 있습니다. 죄를 지은 그 사람은 아직 그 벌에서 요행히 벗어났을 뿐이지 결코 용서받지는 못합니다.

이런 사람들은 멀지 않아 언젠가는 반드시 그 벌을 받게 됩니다. 우리 고전소설《콩쥐팥쥐》와《흥부전》에도 잘 나타나 있습니다.

 한자 정리

直 곧을 직, 값 치
십(十)과 목(目)과 숨을 은(隱의 옛자)이 합해 이루어짐. 십과 목을 합해 열 개(여러 개)의 눈(많은 사람)으로 숨어 있는 것을 바르게 볼 수 있다는 뜻을 합해 '곧다', '바르다'를 뜻함.

幸 다행 행
요(夭-일찍 죽다)와 역(屰-거역하다)이 합해 이루어짐. 일찍 죽는 것을 면함을 좋은 일로 생각해 '다행하다', '행복하다'의 뜻으로 씀.

免 면할 면, 해산할 문
사람인[人(=亻)-사람]부와 형(穴-구멍)과 어진사람인발(儿-사람의 다리 모양)부로 이루어짐. 여자가 아이를 낳는 것을 나타내며, 거기에서 '벗어나다', '면하다'의 뜻이 되었음.

논어 수업 》 몸과 마음을 닦으며 덕을 쌓는 길

삶의 진리

알기만 하는 사람은 좋아하는 사람만 못하고,
좋아하는 사람은 즐기는 사람만 못하다.

知之者는 不如好之者요 好之者는 不如樂之者니라.
지지자   불여호지자   호지자   불여락지자

이 글은 《논어》 〈옹야편〉에 실려 있습니다.

여기서 '지(之)'는 '도(道)'를 가리킵니다.

'알기만 하는 사람은 좋아하는 사람만 못하고, 좋아하는 사람은 즐기는 사람만 못하다'는 말에서 '도'는 '하늘의 도리'를 가리킵니다.

이 두 가지를 정리하면 '하늘의 도리를 곧게 따르고 지켜야 바르게 살 수 있다'는 말이 됩니다.

이 세상을 살아가는 동물들 가운데 사람만이 알고 실천할 수 있습니다.

알고 실천하는 데에는 '아는 것'인 '지(知)', '좋아하는 것'인 '호(好)', '즐기는 것'인 '락(樂)' 세 단계가 있습니다. 이것은 학문의 경지를 세 단계로 나눈 것입니다.

학문과 도를 안다는 것은, 두말할 것도 없이 모르는 것보다 낫습니다. 그리고 안 것을 좋아하면 반드시 실천에 옮겨야 합니다. 또한 단순하게 좋아하

경지境地 학문, 예술, 인품 등에서 일정한 특성과 체계를 갖춘 독자적인 범주나 부분. 또는 몸이나 마음, 기술 등이 어떤 단계에 도달해 있는 상태.

는 데만 그치기 말고 기쁨을 느끼고 즐기는 데까지 이르러야 합니다. 알고 좋아하며, 실천하고 기뻐하며 즐기는 것, 이것이 우리의 인생살이이고, 삶의 진리입니다.

 한자 정리

如 같을 여, 말이을 이
뜻을 나타내는 동시에 음을 나타내는 계집녀(女-여자)부와 말을 뜻하는 구(口)로 이루어짐. 여자가 남의 말에 잘 따르다의 뜻→나중에 '같다'의 뜻. 또 음 빌어 약(若)과 같이 '어조사'로도 씀.

好 좋을 호
계집녀(女-사람, 나중에는 여자를 나타냄)와 자(子-아이)가 합해 이루어짐. 어머니와 아들 혹은 여자와 남자의 두터운 애정이라는 데서 '좋아하다'를 뜻함.

樂 즐길 락(낙), 노래 악, 좋아할 요
나무(木) 받침대에 북과 방울 등 악기를 올려놓고 연주하는 '악기', '즐겁다'를 뜻함. 옛 모양 작을 요(幺-작다)부+작을요부(실)와 나무로 현악기를 나타낸 듯함. 후세의 모양은 신을 모시는 춤을 출 때 손에 든 방울과 같기도 하지만 북 등의 타악기라고도 했음. 크고 작은 북을 받침에 올려놓은 모양. 악기를 나타내는 말로 나중에 음악의 뜻인 때는 악, 그것을 듣고 즐긴다는 뜻인 때는 락이라고 읽음.

참으로 아는 것

공자의 제자 자로는 노나라 사람으로, 중국 고대의 유학자이고 무예를 닦은 무인입니다. 성은 중이고 이름은 유이며, 자를 자로라 했고 계로라고도 불렀습니다. 기원전 543년 산동성 변에서 태어나, 위나라에서 벼슬을 하다가 세상을 떠났습니다. 그때가 기원전 480년이었습니다.

자로는 공자의 제자들 가운데 가장 나이가 많았습니다. 자로는 원래 무뢰한이었는데, 공자의 훈계로 제자가 되어 헌신적으로 공자를 섬겼습니다.

자로는 성격이 급하고 거칠어서 학문에는 좀 뒤떨어졌습니다. 그러나 꾸밈이 없고 소박한 인품으로 용기가 있어, 가르침을 받으면 남보다 먼저 실천에 옮겨야 직성이 풀렸습니다.

처음에는 젊은 제자들이 나이가 많은 자로를 존경했습니다. 그러나 지나치게 실천을 앞세우며 애쓰는 자로의 안타까운 모습을 지켜본 젊은 제자들은, 자로에 대한 존경심을 점점 잃게 되었습니다.

이런 낌새를 안 공자는 은근히 걱정하면서 젊은 제자들의 행동을 못마땅하게 여겼습니다.

그러던 어느 날이었습니다. 마침 젊은 제자들이 한자리에 모여 자로에 대해 이러쿵저러쿵 입씨름을 벌이고 있었습니다.

이 모습을 본 공자가 지나가는 말로 한마디 슬쩍 던졌습니다.

"내가 보기에 자로는 방에 들어가지는 못했지만, 이미 대청마루까지는 올라갔네. 그대들 생각은 어떤가?"

무뢰한無賴漢 일정한 직업이 없이 나쁜 짓을 하며 떠돌아다니는 사람.

훈계訓戒 타일러서 잘못이 없도록 주의를 줌.

헌신적獻身的 몸과 마음을 바쳐 있는 힘을 다하는. 또는 그런 것.

대청마루 한옥에서, 몸채의 방과 방 사이에 있는 큰 마루.

공자의 이 말을 듣고 젊은 제자들은 그제야 자기들 잘못을 깨닫고 크게 뉘우쳤습니다. 그 뒤부터는 자로를 더욱 존경했습니다.

공자가 젊은 제자들에게 던진 말에는,

'너희가 잘난 척하고 어쩌고저쩌고 자로에 대한 온당치 못한 평을 하고 있구나. 그러나 자로는 이미 학문과 덕을 쌓은 너희 대선배다. 그런데 아직 대청마루 밑에서 우물거리는 주제에 무슨 말들을 그리 함부로 하느냐!'

하는 꾸중이 담겨 있었던 것입니다.

자로는 용기도 있었지만 불의를 미워하는 정의파였고, 성격이 우직해 가난한 것을 부끄러워하지 않았습니다.

공자는 때때로 성급하고 판단력이 모자란다고 자로를 꾸짖기도 했습니다. 그러나 자로의 정의롭고 정직하며 꾸밈이 없는 소탈한 성품은 매우 사랑해서,

"다 떨어진 무명 도포를 입고 여우나 담비 가죽옷을 입은 사람과 함께 서 있어도 부끄러워하지 않을 사람은 바로 자로일세그려."

하고 칭찬을 아끼지 않았고,

"해치지 않고 탐내지도 않는데 어찌 선하지 않겠는가!"

라며《시경》에서 뽑은 시 구절로 자로의 사기를 북돋아 주었습니다.

모처럼 공자의 칭찬을 들은 자로는 그만 어깨가 으쓱해졌습니다. 그래서 기쁜 표정으로 자랑삼아 그 시 구절을 외우며 다녔습니다.

그 모습을 본 공자가,

"자로, 그것만 가지고서야 어찌 충분하다 할 수 있겠나? 허허 허허허……."

하고 크게 웃었습니다.

공자가 이렇게 더 학문에 힘쓸 것을 권하자, 자로는 황송해서 고개를 조아리

온당穩當 판단이나 행동 등이 사리에 어긋나지 않고 알맞음.

주제 변변하지 못한 몰골이나 몸치장. 또는 변변하지 못한 처지.

소탈疏脫 예절이나 형식에 얽매이지 않고 수수하며 털털함.

성품性品 사람의 성질이나 됨됨이.

도포道袍 예전에, 통상 예복으로 입던 남자의 겉옷.

사기士氣 의욕이나 자신감 등으로 충만해서 굽힐 줄 모르는 기세.

황송惶悚 분에 넘쳐 고맙고도 송구함.

자공자가 부드러운 목소리로,

"자로, 그대에게 아는 것이 무엇인지를 가르쳐 줄까?"

하고 묻자 자로는,

"네, 스승님. 높으신 가르침을 받들겠습니다."

라고 대답하자 공자는 엄숙하게,

"아는 것은 안다 하고, 모르는 것은 모른다 하는 것, 이게 곧 참으로 아는 것이라네."

하고 일러 주었습니다.

학문하는 태도를 가르쳐 주었던 것입니다.

세상에는 모르는 것도 아는 체하는 사람이 있는가 하면, 알면서도 모르는 체하는 사람도 있습니다. 알면서도 모르는 체하기도 어렵지만, 모르는 것을 솔직하게 모른다고 밝히는 것은 더욱 어렵습니다.

공자의 이 말은 덤벙거리는 자로에게 딱 맞는 가르침이었습니다.

어느 날 공자가 우연히 병을 얻어 자리에 누웠습니다. 자로는 공자 병간호에 성심과 성의를 다했습니다. 그러나 며칠이 지나도 공자는 자리에서 일어나지를 못했습니다. 나아지기는커녕 병세는 점점 더 깊어갔습니다. 애태우며 간호하던 자로는 그대로 앉아만 있을 수가 없었습니다. 그래서 공자에게,

"스승님, 기도라도 드려 봐야 하겠습니다."

하고 말했습니다.

"기도로 병을 고칠 수도 있는가?"

자로에게 이렇게 물은 공자가 빙긋 웃었습니다.

"네, 있습니다."

"어떻게 기도할 것인가?"

"네, 스승님. '천지신명이시여, 우리 스승님의 병을 낫게 해 주시옵소서' 하고 기도할 겁니다."

이 대답을 듣고 공자는,

"그런 기도로 어찌 내 병이 낫겠는가? 나는 그런 기도를 해온 지 이미 오래 되었다네. 그러니 새삼스럽게 할 필요는 없네."

이 말은 아직까지 미신을 벗어나지 못하고 있는 자로를 일깨워 주는 가르침이었습니다.

이렇게 해서 자로는 자기 뜻을 이루지 못하고 말았습니다.

공자는 자로를 애정 어린 눈빛으로 보다가 스르르 눈을 감았습니다.

공자는 평소 하늘의 뜻을 받들어 조금도 어긋나지 않도록 힘쓰고 조심하며 살아왔습니다. 이것이 공자가 천지신명에게 하는 기도였습니다.

철저하게 사람을 근본으로 한 공자의 사상을 알 수가 있습니다.

그래서 공자는 평소에,

"자로, 자네 용기는 나보다 낫지만, 사리를 분간할 줄 모르는 게 탈일세그려."

하고 자로의 앞날을 걱정했습니다.

얼마 뒤, 공자는 병이 나아 다시 제자들을 가르쳤습니다. 자로와 다른 제자들의 극진한 간호 덕분이었습니다.

그러던 어느 날 안회와 자로가 공자와 함께 차를 마시고 있었습니다.

천지신명天地神明 천지의 만물을 만들고 기르는 대자연 이치를 맡아 처리하는 온갖 신령.

차를 한 모금 마신 공자가 무슨 생각을 하더니 고개를 끄덕였습니다. 그리고 안회에게 말했습니다.

"벼슬길에 나가면 도를 행하고, 물러나면 돌아와 앉아 도를 즐길 수 있는 사람은 오직 자네와 나뿐일세그려."

이 말은 세상에 어진 사람이 없는 것을 한탄한 공자가,

'제자들은 이렇게 많지만, 능히 천하를 편안하게 할 수 있는 인자는 너와 나뿐이구나.'

라며 안회에게 한 칭찬이었습니다.

안회는 공자가 가장 사랑한 제자였습니다. 그 말과 몸가짐이 조금도 인을 어기지 않는 어진 사람이었습니다.

안회 옆에 앉아 그 말을 들은 자로는 속으로 은근히 화가 났습니다. 가르침을 들으면 곧바로 실천에 옮기는 성질 급한 행동파에다가, 그 용기만은 다른 제자들뿐만 아니라 공자도 인정하는 자로인데, 가만히 듣고만 있을 수가 없었습니다.

"만약 스승님께서 삼군을 거느리신다면, 그때는 제자들 가운데 누구와 함께 일을 하시겠습니까?"

자로가 자신만만하게 물었습니다. 자로가 이렇게 물은 것은,

'스승님께서 군에 대한 일을 하신다면, 당연히 무예를 닦고 용기도 있는 제자인 내가 꼭 필요하실 거야.'

하고 생각했기 때문입니다. 자로는 이런 날이 오기를 바라서 늘 긴 칼을 허리에 차고 다녔습니다.

그러나 공자의 대답은 정말 뜻밖이었습니다.

한탄恨歎 원통하거나 뉘우칠 때 한숨짓는 일.

삼군三軍 예전에, 군 전체를 이르던 말.

"맨주먹으로 호랑이에게 달려들어 죽고, 맨발로 황하를 건너다가 죽어도 후회하지 않는, 그런 제자와는 함께 일하지 않을 것이네. 반드시 일을 할 때는 두려워하고, 미리 계획을 세워서 목적한 일을 이루기를 좋아하는 제자와 함께 그 일을 할 걸세."

자기가 바라던 좋은 대답이 나올 줄 알았던 자로는 하도 기가 막혀 먼 하늘만 쳐다보며 멍하니 있었습니다.

공자의 이 말에는,

'용기를 소중하게 여기고 으뜸으로 삼는 군사에도 미리 자세하고 꼼꼼한 계획이 필요하다. 이것이 없다면 마치 맨주먹으로 덩치 큰 호랑이에게 덤비는 것처럼 어리석고, 맨발로 깊고 넓은 강을 건너려는 것처럼 어리석은 짓이다. 그러니 너는 부디 일의 이치를 잘 판단할 수 있는 힘을 기르도록 노력해라.'

하는 깊은 가르침이 담겨 있었습니다.

공자의 제자들 가운데는 각기 특성을 가진 당당한 인물이 많았습니다. 이런 믿음직한 제자들에게 둘러싸인 공자는 즐거웠습니다. 그러나 자로는 성격이 괄괄하고 지나치게 강해서 마음이 놓이지 않았습니다.

그래서 여러 제자들 앞에서,

"네가 분명히 말하는데, 자로 같은 사람은 제명에 죽기 어려울 걸세."

하고 걱정했고, 때로는 자로를 직접 불러 앉혀 놓고,

"자로, 어디 그래 가지고서야 자네가 제명에 죽겠는가?"

라며 깨우쳐 주기도 했으며,

"자네는 그 성급하고 괄괄한 성품을 스스로 자제하도록 노력하게."

라고 타이르기도 했습니다.

군사軍事 군무. 군대. 군비. 전쟁 등과 같은 군에 관한 일.

부디 '바라건대, 꼭, 아무쪼록'의 뜻으로, 남에게 부탁할 때 바라는 마음이 간절함을 나타내는 말.

제명제命 타고난 자기의 목숨.

그러나 자로는 자기 자신의 타고난 성품을 쉽사리 고치지 못했습니다.

어느 날, 자로가 한가롭게 비파를 타고 있었습니다. 그런데 울려 퍼지는 비파 소리는 부드러워 듣는 사람의 마음을 즐겁고 편안하게 해 주기는커녕, 오히려 거칠고 무시무시해서 소름이 끼칠 정도였습니다.

옆에서 그 소리를 듣다 못한 공자가 농담삼아 한마디 했습니다.

"자로, 그런 비파를 왜 내 집에서 타는가?"

그러자 자로는 타던 비파를 멈추고 그 자리에 꿇어앉아,

"스승님, 제가 미처 깨닫지를 못했습니다. 용서해 주십시오."

라고 사과했습니다.

그런 뒤, 공자 앞에서 물러나온 자로는 스승에게 지은 죄를 반성하려고 7일 동안이나 밥을 먹지 않았습니다.

자로는 그만큼 단순하고 솔직한 사나이였습니다. 한 마디로 말하면 《삼국지》에 나오는 '장비'처럼 성격이 괄괄하고 용맹했습니다. 또 꾸밀 줄 모르는 성품이어서, 다 떨어진 옷을 입고도 허리에는 위엄 있게 긴 칼을 찼으며, 그런 차림에도 오히려 어깨를 쫙 펴고 당당하게 걸어 다녔습니다.

그러다가 자로는 뒷날, 마침내 위나라에서 벼슬을 해 장군이 되었습니다. 위나라의 영공이 죽고, 영공의 손자 출공이 왕위에 올라있을 때였습니다. 그런데 자로는 얼떨결에 내란에 휘말려 들고 말았습니다.

그런 어느 날 자로가 공자에게 물었습니다.

"위나라 임금이 스승님을 모시고 정치를 한다면, 스승님께서는 장차 무엇을 먼저 하시겠습니까?"

"반드시 대의명분을 바로 세울 것이네."

비파琵琶 동양 현악기의 하나. 몸체는 길이 60~90cm의 둥글고 긴 타원형이며, 자루는 곧고 짧다. 인도·중국을 거쳐 우리나라에 들어왔는데, 네 줄의 당비파와 다섯 줄의 향비파가 있다.

내란內亂 나라 안에서 정권을 차지할 목적으로 벌어지는 큰 싸움.

대의명분大義名分 사람으로서 마땅히 지키고 행해야 할 도리나 본분. 또는 어떤 일을 꾀하는 데 내세우는 합당한 구실이나 이유.

공자가 서슴지 않고 대답하자 성질 급한 자로가,

"스승님께서는 참으로 현실에 어두우십니다. 일이 급한데 어찌 대의명분 같은 걸 바로 세우려 하십니까?"

라며 안타까워하자 공자가,

"자로, 자네가 어찌 그렇게 천하고 속될 수 있는가? 군자는 마땅히 자신이 모르는 일에는 참견하지 말아야 하네. 대의명분이 바로 서지 않으면 말이 시행되지 않고, 말이 시행되지 않으면 일이 이루어지지 않으며, 일이 이루어지지 않으면 예악이 흥하지 못하고, 예악이 흥하지 못하면 형벌이 도리에 맞지 않고, 형벌이 도리에 맞지 않으면 백성들이 손과 발을 둘 곳이 없다네. 그러니 군자가 대의명분을 세우면 반드시 말할 수 있고, 말을 하면 반드시 시행하게 되니, 군자가 말을 할 때는 조금도 구차함이 없어야 한다는 것을 명심해야 하네. 알겠는가!"

라며 호되게 꾸짖었습니다.

공자가 한 이 말에는,

'대의명분이 서지 않으면 아무리 명령을 내려도 이것이 시행되지 않고, 그렇게 되면 나라를 올바르게 다스릴 수 없다.'

라는 큰 가르침이었습니다.

그러나 자로는 이 가르침을 새겨듣지 못하고, 끝내 그 내란에서 빠져나오지 못했습니다. 이렇게 해서 공자가 늘 걱정하던 일이 눈앞에 다가왔습니다.

그런 어느 날, 공회가 괴외라는 사람과 공모해서 위나라 임금이던 출공을 습격했습니다. 간신히 빠져나온 출공은 노나라로 도망가고 괴외는 위나라 장공이 되었습니다.

시행施行 실지로 행함.

예악禮樂 예절과 음악을 아울러 이르는 말. 예법. 예절은 말과 행동을 삼가게 하고, 음악은 사람의 마음으로 감동시킨다 해서, 중국에서는 예로부터 사회의 질서 유지를 위해 매우 중요하게 여겼음.

구차苟且 말이나 행동이 떳떳하거나 버젓하지 못함.

이런 소식을 듣고 자로는,

'나는 출공의 신하가 아닌가. 내가 모시는 임금이 어려움에 빠져 있는데 어찌 가만있겠는가. 가서 도와주어야 한다. 어서 가자!'

하고 생각하고 성안으로 들어갔습니다. 괴외와 공회가 함께 있었습니다. 그것을 본 자로가 괴외에게,

"임금을 죽이려한 반역자 공회는 아무 쓸모없는 놈이오. 내가 잡아 죽일 테니 어서 넘기시오."

하고 외쳤습니다. 그러나 괴외는 자기를 도와준 공회에게 피해를 줄 생각이 전혀 없었습니다.

"왜 그대의 말에 따라야 하는지 알 수가 없으니, 공회는 넘겨 줄 수 없도다."

자기 뜻이 받아들여지지 않자 자로는,

"이 못된 놈들!"

하고 나아가 괴외와 공회가 있는 자리를 불태우려 했습니다. 그러자 괴외가,

"막아라. 뭣들 하느냐. 어서 저 자를 막으란 말이다!"

하고 명하자 부하들이 자로를 공격했습니다.

마침내 자로는 괴외에게 잡혀 세상을 떠나고 말았습니다. 그때 자로의 나이는 예순네 살이었습니다.

이렇게 해서 공자가,

"네가 분명히 말하는데, 자로 같은 사람은 제명에 죽기 어려울 걸세."

라고 했던 말이 딱 맞아떨어진 것입니다.

착하고 의롭게 사는 길

- 학문하는 세 가지 기본 원칙
- 올바른 사람이 되려면
- 옳지 않은 일이라면
- 의롭지 않으면
- 백이와 숙제
- 세 사람이 함께 길을 걸으면
- 인으로 가는 길
- 사치와 검약
- 군자와 소인의 마음
- 단 한 사람뿐

논어 수업 » 착하고 의롭게 사는 길

학문하는 세 가지 기본 원칙

말은 하지 않지만 배운 것을 마음속에 깊이 새겨두고, 배우는데 싫증을 내지 않으며, 사람을 가르치는데 게을리 하지 않는 것,
이 세 가지 가운데 어느 하나라도 내가 제대로 하는 것이 있는가.

默而識之하며 學而不厭하며 誨人不倦이 何有於我哉오.
묵 이 지 지 　　　학 이 불 염 　　　회 인 불 권 　　하 유 어 아 재

이 글은 《논어》〈술이편〉에 실려 있습니다.

묵묵히 고전을 읽고 공부해 깨달아서 이해하고, 배우는 즐거움을 느끼고, 제자를 가르치는데 게으르지 않는 것이 학문하는 세 가지 기본 원칙이라고 가르쳐 주고 있습니다. 그러나 쉬운 듯하면서도 모두 어려운 일입니다.

'하유어아'는 '어느 것이 나에게 있겠는가'로 풀이하고, 이것을 다시 '이 세 가지 가운데 어느 하나라도 내가 제대로 하는 것이 있는가'라고 풀이할 수 있습니다. 여기서 이 앞에 말한 '세 가지'는 보통사람도 할 수 있는 것입니다. 그런데 공자는 스스로에게 그것을 할 수 있는지를 묻고 있으니, 그 얼마나 겸손합니까?

고전古典 오랫동안 많은 사람에게 널리 읽히고 모범이 될 만한 문학이나 예술 작품.

'노력하면 나도 할 수 있다'고 겸손하게 말한 공자는 이것을 열심히 실천했습니다.

우리는 이 말을 마음에 깊이 새기고, '나는 우리 반에서 일등만 한다'며 자랑하지 말고, 나보다 공부를 못하는 친구에게 가르쳐 줄 수 있는 마음을 갖고 실천하는 것을 잊지 말아야 하겠습니다.

 한자 정리

默 잠잠할 묵
뜻을 나타내는 동시에 음을 나타내는 검을흑(黑-검다→묵)부와 견(犬)이 합해 이루어짐. 견(犬-개)과 소리를 지르지 않는다는 뜻을 나타내기 위한 흑(黑→묵)으로 이루어지며, 개가 입을 다물고 있다는 뜻을 나타냄. 나중에 말을 하지 않다라는 뜻으로 '묵묵하다', '잠잠하다'로 쓰임.

識 적을 지, 알 식, 깃발 치
뜻을 나타내는 말씀언(言-말씀)부와 음을 나타내는 직(戠→식)으로 이루어짐. 말(言)로 듣고 알게 된다는 뜻으로 '알다'를 뜻함.

 논어 수업 » 착하고 의롭게 사는 길

올바른 사람이 되려면

덕이 닦이지 않은 것,

배운 것을 익히지 않은 것,

옳은 일을 듣고도 실천하지 않은 것,

잘못을 고치지 않은 것,

이것이 내 걱정거리이다.

德之不修와 學之不講과 聞義不能徙하며
덕 지 불 수   학 지 불 강   문 의 불 능 사

不善不能改는 是吾憂也니라.
불 선 불 능 개   시 오 우 야

《논어》〈술이편〉에 실려 있는 글입니다.

올바른 사람이 되려면 어떻게 해야 하는지, 어떻게 몸과 마음을 닦고 기르는지 그 길을 가르쳐 주고 있습니다.

덕을 닦는 일과 학문을 익히는 일과 의를 실천하는 일과 잘못을 뉘우치고 고치는 일, 이 네 가지 길은 내게 훌륭한 인격과 재능을 갖추게 해 줄 것입니다.

그러기 위해서는 먼저 내 몸과 마음을 닦고 그 길을 따라가면서 실천해야

합니다.

　우리가 글을 배우고 학문을 익히며, 몸과 마음을 닦고 서로 도우며 함께 간다면 틀림없이 올바른 사람이 될 것입니다.

 한자 정리

修 닦을 수
음을 나타내는 유(攸→수)와 사람의 몸이나 사물을 털고 정돈한다[터럭삼(彡 – 무늬, 빛깔, 머리, 꾸미다)부] 해서 닦다를 뜻하는 사람인변[亻(=人) – 사람)부와 음을 나타내는 글자가 합해 이루어짐. 사람의 몸이나 사물을 정돈하다 →다스리는 일. '닦다', '익히다'의 뜻으로 씀.

講 외울 강, 얽을 구
뜻을 나타내는 말씀언(言-말하다)부와 음을 나타내는 글자 구(冓-짜맞추는 일→강)로 이루어짐. 말을 짜맞추기도 하고 비교도 해보는 일→사화하다(원수였던 사이가 원한을 풀고 서로 화평하다) → 알아듣게 이야기하는 일을 뜻함. '외우다', '얽다'의 뜻으로 씀.

改 고칠 개
뜻을 나타내는 등글월문[攵(=攴) – 일을 하다, 회초리로 치다]부와 음을 나타내는 기(己→개)가 합해 이루어짐. '고치다'의 뜻으로 쓰임.

憂 근심 우
머리가 위에서 무겁게 마음을 짓누른다는 뜻에서 '근심하다'를 뜻함.

 논어 수업 » 착하고 의롭게 사는 길

옳지 않은 일이라면

부를 구하는 것이 옳은 일이라면,
마부 노릇이라도 할 것이고,
만일 그것을 구하는 것이 옳지 않은 일이라면,
내가 좋아하는 것을 따라 살 것이다.

富而可求也면 雖執鞭之士라도 吾亦爲之어니와
부 이 가 구 야   수 집 편 지 사   오 역 위 지

如不可求면 從吾所好하리라.
여 불 가 구   종 오 소 호

이 글은 《논어》〈술이편〉에 실려 있습니다.

사람은 누구나 부, 곧 재물을 원합니다.

그러나 그 재물이 아무리 좋다고 해도, 그것을 구하는 방법이 옳지 않다면 결코 원하지 않겠다는 말입니다. 부, 곧 재물이 좋기는 하지만, 그것을 구하는 일이 삶의 목표일 수는 없는 것입니다.

다 함께 깊이 생각해야 할 일입니다.

논어 수업 » 착하고 의롭게 사는 길

의롭지 않으면

거친 밥을 먹고 물을 마시며,
팔베개를 베고 자더라도,
즐거움이 또한 그 가운데 있으니,
의롭지 않은 부와 귀는 나에게 뜬구름과 같다.

飯疏食飮水하고 曲肱而枕之라도 樂亦在其中矣니
반 소 사 음 수   곡 굉 이 침 지   낙 역 재 기 중 의

不義而富且貴는 於我에 如浮雲이니라.
불 의 이 부 차 귀   어 아   여 부 운

《논어》〈술이편〉에 실려 있는 글입니다.

지독하게 가난해도 그 속에는 행복이 있고 떳떳해질 수 있습니다. 부지런하고 성실하게 살면 행복은 찾아오고, 옳게 살면 떳떳해 집니다. 삶의 뜻은 바로 옳고 떳떳하게 사는 데 있습니다.

《논어》〈이인편〉에 '이익만 보고 행동하면, 원망을 많이 듣는다'는 글이 실려 있습니다. 내가 이익만을 챙기려 행동하다 보면 상대의 정당한 이익까지 넘보게 되고, 두 사람의 관계는 깨질 수밖에 없습니다.

여기에서도 '의롭지 않은 부와 귀는 나에게 뜬구름과 같다'고 했습니다. 내

가 부와 귀를 얻어, 부자가 되고 높을 벼슬을 한다고 해도, 그것이 정의롭지 않다면 눈길도 주지 말라는 뜻입니다. 내가 그것을 정의롭지 못한 방법으로 얻는다면, 누군가는 그것을 잃어버리게 되어 손해를 보기 때문입니다.

사람은 누구나 살림이 넉넉하고 몸이 귀하게 되기를 바랍니다. 그러나 그 부와 귀를 올바르지 못한 방법으로 얻었다면 아무짝에도 쓸모가 없고, 그것은 하늘에 뜬구름과 같은 것입니다.

 한자 정리

飯 밥 반
뜻을 나타내는 밥식변[(飠=食) - 먹다, 음식]부와 음을 나타내는 반(反)이 합해 이루어짐. '밥', '식사'의 뜻으로 쓰임.

水 물 수
시냇물이 흐르고 있는 모양을 본뜬 글자로 '물'을 뜻함.

●인물 소개

백이와 숙제

　백이와 숙제는 중국 은나라라고도 하는 상나라 말기의 사람인데, 죽을 때까지 군주에 대한 충성을 지킨 의로운 사람으로, 전설적인 형제 성인입니다.
　백이와 숙제는 본래 지금의 하북성에 있었던 상나라 고죽국의 왕자였는데, 백이가 형이고 숙제는 아우입니다.
　그런데 임금인 아버지가 숙제에게 왕위를 물려주겠다고 유언을 남기고 세상을 떠났습니다. 그러나 아우 숙제는,
　"제가 형님을 두고 어찌 임금이 될 수 있겠습니까?"
하고 사양하고, 형 백이는,
　"아바마마의 뜻이니, 아우라 해도 네가 마땅히 임금이 되어야 해."
라며 사양했습니다. 그러다가 형 백이가 덕이 높다는 희창을 찾아 나라를 떠나자 아우 숙제도 그 뒤를 따랐습니다. 희창은 훗날 주나라 문왕이 되었는데, 그때에는 작은 영주들을 책임지는 서백이라는 자리에 있었습니다.
　이렇게 해서 가운데 아들이 고죽국 임금이 되었습니다.

　두 사람은 긴 여행 끝에 희창이 사는 곳에 다다랐습니다. 그러나 희창은 이미 죽고, 아들 희발은 군대를 모아 상나라에 반역하려고 했습니다. 희발의 어진 신하 강태공은 뜻을 같이하는 제후들을 모아 전쟁 준비를 시작했습니다.
　전쟁 준비가 끝나자, 희발은 아버지의 위패를 수레에 싣고 상나라의 주왕을 쳐 없애려고 나섰습니다. 주왕은 상나라의 마지막 임금으로, 하나라의 마지막 임금 걸과 함께 최고의 사납고 악한 임금으로 불립니다.
　그때 백이와 숙제는 희발의 말고삐를 잡고,
　"돌아가신 아버님을 아직 장사도 지내지 않았는데, 전쟁을 벌일 수는 없소이다. 그것은 효가 아니기 때문이외다. 게다가 주나라는 상나라의 신하 나라인데, 신하가 어찌 임금을 쳐 없앨 수 있단 말이오. 이것은 인이라 할 수 없소이다."
라고 충고하며 말리자 희발은 화가 머리끝까지 나서,
　"여봐라, 뭣들 하느냐? 저 두 놈을 잡아 묶고 당장 목을 베라!"

제후諸侯 봉건 시대에 일정한 영토를 가지고 그 영내의 백성을 지배하는 권력을 가지던 사람.

하고 명령했지만 강태공이 나서서,

"저 둘은 의로운 사람이니, 죽이셨다가는 뒤에 탈이 생길 것이옵니다. 그러니 살려 두시는 게 좋겠나이다."

라고 해서 백이와 숙제는 목숨을 건졌습니다.

희발은 곧바로 군대를 이끌고 가 상나라를 무너뜨렸습니다. 상나라를 멸망시킨 이 희발이 바로 주나라의 무왕입니다.

백이와 숙제 형제는 상나라가 망한 뒤에도 상나라에 대한 충성을 버릴 수가 없었습니다. 그래서 백이와 숙제는 의롭지 못한 무왕이 다스리는 주나라에서 주는 녹을 먹는 것이 부끄럽다며 수양산으로 들어가 고사리를 캐먹으면서 살았습니다. 녹이란 벼슬아치들에게 일 년 또는 계절 단위로 나누어 주던 돈이나 물품을 통틀어 이르는 말입니다.

얼마 후, 왕미자가 수양산을 찾아와 백이와 숙제에게,

"그대들은 주나라에서 주는 녹을 받을 수 없다고 했소. 그런데 주나라의 산에서 자란 주나라의 고사리는 왜 따먹는단 말이오?"

라고 꾸짖자, 백이와 숙제는 고사리마저 먹지 않았고, 마침내 굶어 죽고 말았습니다.

백이와 숙제에 대한 이야기는 중국 전한의 사마 천이 쓴 《사기》〈백이숙제열전편〉에 나옵니다. 이런 일이 있은 뒤부터 백이와 숙제의 이야기는, 끝까지 두 임금을 섬기지 않고 충절을 지킨 의인들을 가리키는 표현으로 널리 쓰이고 있습니다.

공자는 제자들에게,

"백이와 숙제는 지난날의 악을 생각하지 않았네. 그래서 원망하는 사람이 드물었지. 이 형제는 인을 구해 인을 얻었으니 죽어도 후회하지 않았네. 그래서 지금까지도 두 사람을 현인으로 받들어 모시고 있는 걸세."

하고 백이와 숙제 형제의 덕을 기리며 칭찬했습니다.

논어 수업 » 착하고 의롭게 사는 길

세 사람이 함께 길을 가면

세 사람이 함께 길을 가면,
그 가운데 반드시 내 스승이 있으니,
착한 사람에게는 그 선함을 배우고,
악한 사람에게는 그 악함을 보고
내 잘못을 고쳐야 한다.

三人行에 必有我師焉이니
삼 인 행   필 유 아 사 언

擇其善者而從之요 其不善者而改之니라.
택 기 선 자 이 종 지   기 불 선 자 이 개 지

이 글은 《논어》〈술이편〉에 실려 있습니다.

세 사람이 함께 길을 가고 있다면, 하나는 자기이고 둘은 남입니다.

자기는 자신의 잘잘못은 잘 모릅니다. 그러나 상대 두 사람을 서로 비교해 보면 두 사람의 장점과 단점은 가려 알 수 있습니다.

그렇게 해서 안 선한 장점은 스스로 본받을 수 있습니다. 또한 그렇게 해서 안 악한 단점은 그것을 거울삼아 내 잘못을 고칠 수 있습니다. 그러니 두 사람 모두가 내 스승입니다.

  선과 악은 자신이 받아들이기에 달려 있다는 것을 마음에 꼭 새겨 두어야 합니다.

 한자 정리

三 석 삼
세 손가락을 옆으로 펴거나 나무젓가락 셋을 옆으로 뉘어 놓은 모양을 나타내 '셋'을 뜻함.

擇 가릴 택, 사람 이름 역
뜻을 나타내는 재방변[(扌= 手) - 손]부와 음을 나타내는 동시에 나누다의 뜻을 가지는 글자 역(睪 → 택)으로 이루어짐. 손으로 가려 뽑다의 뜻에서 '가리다', '고르다'로 씀.

從 좇을 종
음을 나타내는 종(从)은 사람 뒤에 사람이 따라 가는 일, 두인변(彳 - 걷다, 자축거리다)부는 간다는 뜻. 지(止)는 발자국의 모양 → 나아가는 일, 사람이 잇따라 나아가다 → 따르다의 뜻. '좇다', '따르다'의 뜻으로 쓰임.

논어 수업 » 착하고 의롭게 사는 길

인으로 가는 길

인이 멀리 있을까?
내가 인을 하려고만 하면, 인에 곧바로 다다른다.

仁遠乎哉아 我欲仁이면 斯仁至矣니라.
인 원 호 재   아 욕 인   사 인 지 의

《논어》〈술이편〉에 실려 있는 글입니다.

어진 행실은 착한 마음에서 시작됩니다. 그래서 인은 결코 멀리 떨어져 있는 것이 아닙니다. 인은 바로 자신의 마음에서 우러나오는 것입니다. 마음이 인을 바라면 인에 벌써 다가가 있고, 곧바로 실천에 옮기면 인을 이룰 수 있습니다. 자기 자신의 마음에서 모든 악을 몰아내고 선으로 가득 차게 하는 일이 바로 인으로 가는 길입니다.

遠 멀 원
뜻을 나타내는 책받침[(辶) - 쉬엄쉬엄 가다]부와 음을 나타내는 원(袁)이 합해 이루어져 '멀다'의 뜻을 나타냄.

我 나 아
수(手)와 창과(戈 - 창, 무기)부를 합한 글자라고 생각했지만, 옛 모양은 톱니 모양의 날이 붙은 무기인 듯하다. 나중에 발음이 같으므로 '나', '자기'의 뜻으로 쓰게 되었음.

논어 수업 » 착하고 의롭게 사는 길

사치와 검약

사치하면 거만해서 겸손치 못하고,
검약하면 고루하게 된다.
그러나 거만해서 겸손치 못한 것보다
고루한 것이 낫다.

奢則不孫하고 儉則固니 與其不孫也는 寧固니라.
사 즉 불 손   검 즉 고   여 기 불 손 야   영 고

이 글은 《논어》〈술이편〉에 실려 있습니다.

갑자기 부자가 된 사람이나, 나쁜 방법으로 부자가 된 사람들은 대부분 사치가 심합니다.

왜 그럴까요?

그것은 돈을 제대로 쓸 줄 모르기 때문입니다. 겉을 화려하게 꾸며 지혜나 학문이 없어 속이 빈 것을 감추려고 그러는 것입니다.

물려받은 재산 없이 자기 혼자의 힘으로 집안을 일으키고 재산을 모은 사람들은 대부분 검약합니다. 그러나 검약이 지나치면 자기와 주위 사람들에게 모두 못된 구두쇠 짓을 하게 됩니다. 그러다가 주위 사람들에게 인심을 잃고, 모은 재산은 다 쓰지도 못하고 세상을 떠나고 맙니다.

사치奢侈 필요 이상의 돈이나 물건을 쓰거나 분수에 지나친 생활을 함.

검약儉約 돈이나 물건 등을 낭비하지 않고 아껴 씀.

지나치게 사치하면 거만해서 겸손하지 못하게 되고, 지나치게 검약하면 고루해집니다. '고루하다'라는 말은 '낡은 관념이나 습관에 젖어 고집이 세고 새로운 것을 잘 받아들이지 않는다'는 뜻입니다. 우리가 사회생활을 할 때에는 거만해서 겸손하지 못하면 서로가 어울려 살아갈 수가 없고, 고루해진다면 인색해지고 고집쟁이나 구두쇠가 될 수 있다는 말입니다.

사치한 것이나 고루한 것 모두 바람직하지 않습니다. 그러나 사치가 훨씬 더 해롭습니다. 그래서 거만해 겸손하지 못한 것보다 차라리 고루한 것이 낫다는 것입니다.

우리는 그만큼 거만해서 겸손치 못한 것을 지극히 경계해야 합니다.

한자 정리

奢 사치할 사
뜻을 나타내는 큰대(大-크다)부와 음을 나타내는 자(者-사)로 이루어짐. 분에 넘치게 크게 떠벌리다의 뜻에서 '사치하다', '분에 넘치다'로 씀.

孫 손자 손
아들(子)이 이어짐(系), 곧 자식에서 자식에게로 이어지는 것으로 '손자'를 뜻함.

儉 검소할 검
뜻을 나타내는 사람인변[亻(=人)-사람]부와 음을 나타내는 동시에 조사하다의 뜻을 나타내기 위한 첨(僉→검)으로 이루어짐. 사람에 대해 엄하게 하다, 나중에 '검소하다', '낭비하지 않다'의 뜻으로 쓰임.

논어 수업 》 착하고 의롭게 사는 길

군자와 소인의 마음

군자의 마음은
평안하고 고요하며 넓고 너그러우며,
소인의 마음은 늘 근심과 걱정이 차 있다.

君子는 坦蕩蕩이요 小人은 長戚戚이니라.
군 자   탄 탕 탕   소 인   장 척 척

《논어》〈술이편〉에 실려 있는 글입니다.

군자는 진리를 알고 정의를 실천해서 늘 마음이 넓고 너그럽습니다.

그러나 소인은 늘 사사로운 욕심을 지나치게 많이 부려 이익을 얻으려고 하기 때문에 마음이 늘 고달픕니다. 그런가 하면 얻은 것을 잃을까 해서 근심과 걱정이 늘 마음에 쌓여 있어 불안하고 초조하게 살아갑니다.

우리는 군자의 마음을 닮아 평안하고 고요하며, 넓고 너그러우며 떳떳하게 살아가야 합니다. 그렇게 하려면 먼저 사사로운 욕심을 버리고 옳은 일을 좇아 실천해야 합니다.

소인小人 마음이 좁고 행동이 바르지 않은 사람.

단 한 사람뿐

　안회는 공자의 수제자로 노나라 사람인데, 자를 자연이라 했고, 기원전 521년에 태어나서 기원전 490년에 세상을 떠났습니다. 후세 사람들은 안회의 자가 자연이어서, 안연 또는 안자라고도 불렀습니다.

　공자에게는 제자가 3천여 명이나 있었습니다. 세상 사람들은 그 제자들 가운데 뛰어난 제자 72명을 '칠십이현인', 또는 '칠십이현'이라고 부르고, 특히 그 가운데에서도 10명을 '십철'또는 '공문십철'이라고 불렀습니다. 이 십철 가운데에서도 안회가 가장 뛰어난 제자였습니다.

　공자의 가르침을 들을 때, 다른 제자들은 모두 여러 번 되물어야 그 이치를 깨닫는데, 안회만은 그렇지 않았습니다. 하루 종일 있어도 그저 듣기만 할 뿐 묻는 일이 없었습니다. 그러나 물러간 뒤에 그 행동을 살펴보면 벌써 그 진리를 다 터득해 실천에 옮겨 활용했습니다.

터득攄得 깊이 생각해 이치를 깨달아 알아냄.

　그래서 공자는 일찍부터 안회를 사랑해 자신의 뒤를 이을 후계자로 삼으려 했습니다.

　사람은 생활이 몹시 가난해서 살림이 어려우면 몸이 괴로워서 짜증스럽고, 마음에는 근심과 걱정이 가득 차 있습니다. 그러나 안회는 그렇지 않았습니다. 안회의 마음에는 근심과 걱정 대신 늘 즐거움이 가득 차 있어서, 늘 몸가짐은 점잖고 무게가 있었으며 성품도 너그러웠습니다. 덕행 또한 뛰어났습니다.

　이런 안회에게 공자는,

　"안회, 자네는 어진 사람이네. 가난해서 소쿠리에 담긴 밥을 먹고 표주박으로 물을 떠 마시며 지저분하고 더러운 곳에서 사는 사람들은 그 근심과 걱정을 견디지 못한다네. 그런데 자네는 그 가난을 즐거움으로 바꾸어 놓았으니, 참으로 어진 사람 아닌가!"

라고 칭찬하면서 거듭 감탄했습니다.

어느 날, 안회와 자로가 공자와 함께 자리에 앉아 이런 저런 이야기를 나누고 있었습니다. 그러다가 공자가 두 사람에게 물었습니다.

"자네들 희망은 무엇인가? 어디 한번 들어보세."

자로가 먼저 대답했습니다.

"스승님, 저는 수레와 말과 가벼운 털가죽 옷을 친구와 함께 쓰다가, 그것들이 낡고 닳아서 떨어져도 섭섭해 하지 않는 사람이 되는 게 희망입니다."

다음에는 안회가 대답했습니다.

공로功勞 애를 써서 이룬 일.

"저는 착한 일을 하고도 자랑하지 않고, 공로를 세우고도 드러내지 않는 사람이 되었으면 합니다."

안회 말이 끝나자마자 자로가 공자에게 물었습니다.

"그렇다면 스승님의 희망은 무엇입니까?"

"나는 노인들을 편안히 해 주고, 벗을 신의로 사귀며, 젊은이들을 사랑으로 감싸 주는 사람이 되고 싶다네."

스승과 제자가 한자리에 앉아서 서로의 희망을 주고받는 흐뭇하고도 아름다운 장면입니다.

자로가 말한 것은 호걸스럽고 사나이다운 희망입니다.

안회가 말한 것은 겸손하고도 양보하는 덕이 몸에 배인 군자다운 희망입니다.

공자가 말한 것은 세상 모든 사람들이 서로 믿고 사는 도의와 인과 덕으로 다스리는 나라를 만들고 싶다는, 그렇게 해서 온 천하를 편안하게 하고 싶다는 대성인다운 희망입니다.

어느 날 모처럼 공자와 단둘이 앉은 자리에서 안회가 물었습니다.

"스승님, 인이란 무엇입니까?"

공자가 대답했습니다.

"자신을 극복하고 예로 돌아가는 것이 바로 인일세. 하루만이라도 자신을 극복하고 예로 돌아가면, 천하가 다 인으로 돌아가게 마련이네. 인을 이루는 것은 바로 자신에게 달려 있지. 남에게 의지해서는 결코 이룰 수가 없다네."

"스승님, 그렇게 하려면 어떻게 해야 하는지 자세하게 말씀해 주십시오."

"예가 아니면 보지 말고 예가 아니면 듣지 말며, 예가 아니면 말하지 말고 예가 아니면 행하지 말아야 하네."

"제가 비록 어리석고 둔해서 재빠르진 못하지만, 이 말씀을 받들어 실천하도록 힘쓰겠습니다."

안회는 깊이 고개를 숙여 인사하고 공자 앞에서 물러 나왔습니다.

공자는 안회에게 인의 본질을 예와 연결해 말한 것입니다.

예절의 본바탕은 자신을 억누르고 다른 사람의 인격을 존중하는 데 있습니다. 그러나 세상 사람이 스스로의 사사로운 욕심은 물론 모든 말과 행동과 마음의 충동까지도 억제하기란 무척 어려운 일입니다. 그래서 제 욕심을 스스로 이성과 지혜로 이겨 내지 않고서는 진정한 예를 이룰 수 없습니다.

자신의 욕심을 스스로 눌러 이기고 예로 돌아가는 것이 바로 인입니다. 이것

극복克服 악조건이나 고생 등을 이겨 냄.

의지依支 다른 것에 몸을 기댐. 또는 다른 것에 마음을 기대어 도움을 받음.

충동衝動 순간적으로 어떤 행동을 하고 싶은 욕구를 느끼게 하는 마음속의 자극.

억제抑制 감정이나 욕망, 충동적 행동 등을 내리눌러서 그치게 함.

을 임금이 단 하루만 실행해도 온 세상 백성들 인심은 이 인을 따라 저절로 모여들 만큼 그 위력이 큽니다.

뿐만 아니라 인을 완성하는 것도 자신을 억눌러 이겨 예로 돌아감으로써 이루어지는 것입니다. 이것은 자기 스스로가 이룩하고 실천해야 합니다. 결코 남의 힘으로 되는 것이 아닙니다. 그 실천 방법으로 보고, 듣고, 말하고, 행동하는 그 모든 것도 예절에서 벗어나지 말아야 하는 것입니다.

안회는 학문과 인격을 고루 갖춘 참으로 어진 사람이었습니다. 그런데 그런 어진 군자도 죽음 앞에서는 어쩔 수 없었습니다.

'인명은 재천'이라, '사람 목숨은 하늘에 달려 있다'고 했습니다.

어느 날, 공자에게 큰 슬픔이 닥쳤습니다.

안회는 공자보다 서른 살이나 아래였습니다. 그런데 스승보다 일찍 세상을 떠나고 말았던 것입니다.

"아아, 하늘이 나를 버리셨구나! 하늘이 나를 버리셨어, 흐흐흑……."

공자는 가슴을 치며 슬피 울었습니다.

"내가 그토록 사랑하고 아끼며 믿었던 안회였는데, 내 모든 것을 전해 물려주고 내 뒤를 잇게 하려 했는데……. 아, 안회가 죽다니……."

공자는 하늘이 무너져 내리는 것 같았습니다.

"아, 슬프고 아깝구나! 나는 안회가 배우고 익혀 실천하는 데에 늘 앞으로 나아가는 것만 보았지, 한 번도 멈춘 것을 못 보았어."

안회는 배우고 익히기를 좋아하고 부지런히 실천했습니다.

이런 것들을 보고 스승 공자는 자기를 많이 닮았다고 생각했습니다. 그래서

더욱 슬펐습니다.

"아, 그런 안회가 이렇게 일찍 내 곁을 떠날 줄이야!"

어느 날, 노나라 임금 애공이,

"제자들 중에서 누가 배우기를 가장 좋아합니까?"

하고 묻자 공자는 슬픈 표정을 지으면서,

"제자 안회가 배우기를 가장 좋아하고, 배운 것을 바로 익혀 실천하기를 게을리 하지 않으며, 남에게 화를 내지 않고, 잘못을 두 번 되풀이하지 않더니, 불행하고 안타깝게도 일찍 세상을 떠나고 말았사옵니다. 그 뒤로 배우기 그렇게 좋아하는 제자는 못 보았사옵니다."

라고 대답했습니다. 이 말에서 '배우기'는 단순하게 '학문을 배우는 것'이 아닙니다. 배움의 진리를 깨닫고 배움을 사랑해서 배우기에 힘쓰는 것, 말하자면 성인의 덕을 배우는 것을 뜻합니다.

'남에게 화를 내지 않고, 잘못을 두 번 다시 되풀이 하지 않는 것'이 바로 성인의 덕으로 가는 길입니다. 공자는 이런 성인의 덕을 배우고 쌓은 제자는 안회 단 한 사람뿐이라고 대답했던 것입니다.

스승보다 일찍 세상을 떠난 사랑하는 제자!

안회를 떠나보내고 생각하며 슬퍼하는 스승의 뜨거운 정을 잘 들여다볼 수 있습니다.

뒷날, 공자의 학문을 이어받은 증자가 제자들에게,

'오래 전에 세상을 떠난 내 동무는, 능력과 재주가 있으면서도 능력과 재능이 없는 사람에게 묻고, 학식이 많으면서도 학식이 적은 사람에게 물었다네. 도를 지녔으면서도 없는 듯이 하고, 덕이 찼으면서도 빈 듯이 했지. 게다가 내가 잘못을 꾸짖어도 따지거나 덤벼들지 않았다네. 내 스승님의 가르침을 철저하게 따르고 실천한 게야. 젊은 나이에 세상을 떠난 그 동무 혼자, 이 나이가 되도록 나도 못하고 있는 엄청난 일을 한 게지. 그 동무가 바로 안회라네.' 라고 말하면서, 안회의 죽음을 슬퍼하고 애틋하게 생각하며 그리워했습니다.

보람되고 성실하게 사는 길

- 공손하면서 예가 없으면
- 논의하지 말아야 할 것
- 학문하는 길
- 용맹을 좋아하고 가난을 싫어하면
- 참되고 성실하며 믿음이 가는 사람
- 젊은 사람이 두렵다
- 스스로 고치지 않는다면
- 군자가 갖추어야 할 세 가지 덕
- 중국 고대 성군들
- 주왕, 미자·기자·비간, 강태공, 관중

논어 수업 》 보람되고 성실하게 사는 길

공손하면서 예가 없으면

공손하면서 예가 없으면 힘이 들어 고생스럽고,

신중하면서 예가 없으면 두려워지고,

용감하면서 예가 없으면 난폭해지고,

정직하면서 예가 없으면 조급해진다.

군자가 친척에게 후하게 대하면

백성들 사이에 인자한 기풍이 일어나고,

옛 친구를 버리지 않으면

백성들이 야박해지지 않는다.

恭而無禮則勞하고 愼而無禮則葸하고,
공이무례즉로　　신이무례즉사

勇而無禮則亂하고 直而無禮則絞니라.
용이무례즉란　　직이무례즉교

君子篤於親이면 則民興於仁하고
군자독어친　　즉민흥어인

故舊不遺면 則民不偸니라.
고구불유　　즉민불투

이 글은 《논어》〈태백편〉에 실려 있습니다.

앞의 글은 예절의 중요성을 가르치고 있습니다.

예는 곧 예절이며 절도입니다. 사람의 행동 곧 행실은 예절을 잘 지켜 한쪽으로 치우치지 말아야 합니다.

사람이 세상을 살아갈 때, '말이나 행동이 겸손하고 예의 바르다'는 뜻을 가진 '공손'이 지나치면 '비굴'이 되고 '고통'이 됩니다. 신중하게 행동하는 것도 좋지만, 절도를 잃으면 겁이 나서 아무 일도 못하고, 반대로 용기가 지나치면 난폭해지고, 정직한 것은 좋지만 지나치게 고지식하면 각박해서 자신은 물론 상대도 견딜 수가 없습니다.

뒤의 글은 나라를 다스리는 사람들이 일반 백성들에게 미치는 영향력이 크다는 것과 나라를 다스리는 사람들이 먼저 백성들 앞에 모범을 보일 것과 어질고 의로운 일을 실천해야 한다는 것을 깨우쳐 주고 있습니다.

절도節度 일이나 행동 등을 정도에 알맞게 하는 규칙적인 한도.

비굴卑屈 용기나 줏대가 없이 남에게 굽히기 쉬움.

고지식 성질이 외곬으로 곧아 융통성이 없음.

각박刻薄 인정이 없고 삭막함.

한자 정리

恭 공손할 공
심(心)의 변한 모양이 뜻을 나타내는 마음심밑[㣺(=心, 忄)－마음, 심장]부와 음을 나타내는 동시에 두 손을 마주잡다의 뜻을 가진 공(共)으로 이루어짐. 공손한 마음 가짐의 뜻으로 '공손하다', '예의 바르다'의 뜻으로 쓰임.

愼 삼갈 신, 땅이름 진
뜻을 나타내는 심방변[忄(=心, 忄)－마음, 심장]부와 음을 나타내는 동시에 세밀하다는 뜻을 가진 진(眞)으로 이루어짐. '삼가다'의 뜻으로 씀.

舊 예 구/옛 구
뜻을 나타내는 동시에 음을 나타내는 절구구변(臼－절구)부와 머리에 갈대털[초두머리(艹(=艸)－풀, 풀의 싹)부]과 같은 귀를 가진 새[새추(隹－새)부]인 부엉이의 뜻이 합했지만, 오랠 구(久)와 음이 같다고 해서 '오래다'의 뜻으로 씀.

親 친할 친
뜻을 나타내는 見(볼견－보다)부와 음을 나타내는 글자 친(親－많은 나무가 포개어 놓여 있다는 의미)이 합해 이루어짐. 나무처럼 많은 자식들을 부모가 보살핀다(見)는 뜻이 합해 '친하다'를 뜻함.

논어 수업 » 보람되고 성실하게 사는 길

논의하지 말아야 할 것

그 직위에 있지 않거든, 그 직무를 논의하지 마라.

不在其位하면 不謀其政이라.
부 재 기 위   불 모 기 정

직위職位 직무상의 자리.

직무職務 담당해 맡은 사무.

화평和平 화목하고 평온함.

태평성대太平聖代 어진 임금이 잘 다스려 태평한 세상이나 시대.

이 글은 《논어》〈태백편〉에 실려 있습니다.

'그 직위에 있지 않거든 그 직무를 논의하지 마라'는 말은, 남이 맡아 하는 일에 이러쿵저러쿵 함부로 말하지 말라는 것입니다.

내 일과 자리를 잘 지키고, 다른 사람이 맡은 일과 자리에 주제넘게 간섭하지 말아야 합니다.

집에서 아버지는 아버지 자리를 지키고, 어머니는 어머니 자리를 지키며, 자식은 자식 자리를 지켜야 한다는 것입니다. 그 자리를 떠나지 말고, 맡은 책임과 의무를 최선을 다하라는 것으로, 그래야 가정이 화평해진다는 것입니다.

나라에서도 임금은 임금 자리를 지키고, 신하는 신하 자리를 지키고, 백성은 백성 자리를 지켜야 나라가 태평성대를 누릴 수 있다는 것입니다.

우리 몸도 각 기관이 각자 맡은 책임과 의무를 최선을 다해야 합니다. 눈은 눈 역할을, 귀는 귀 역할, 입은 입 역할을, 손과 발은 손과 발 역할을 잘 해나갈 때 완전한 몸의 기능을 다할 수 있고, 활기차게 활동해서 목적을 이룰 수 있다는 말이기도 합니다.

  자동차도 20여만 가지 부품이 각자 자리에서 최고의 성능을 발휘해서 그 책임과 의무를 다 할 때, 사람이 안전하고 편안하게 운전해 도로를 달려 목적지에 다다를 수 있는 것과 같습니다.

  그러나 집이든, 나라든, 몸이든, 자동차든 어느 하나가 잘못되면 모든 기능이 다 멈추고 만다는 것을 마음에 깊이 새겨 잊지 않도록 해야 합니다.

  그러니까 우리도 집에서든, 학교에서든, 동네에서든, 그 어디서든 내가 맡은 역할에 최선을 다해야 하는 것입니다.

발휘發揮 재능, 능력 등을 떨치어 나타냄.

 한자 정리

在 있을 재
뜻을 나타내는 흙토(土-흙)부와 음을 나타내는 글자 재(자-才의 변형-풀의 싹 모양)의 뜻이 합해 '있다'를 뜻함. 흙으로 막아서 그치게 하다→멈추어 있다→살아 있다→존재하다의 뜻이 됨.

 논어 수업 》 보람되고 성실하게 사는 길

학문하는 길

배움은 도달할 수 없는 것처럼 하고,
오히려 그것을 잃어버릴까 두려워해야 한다.

學如不及이요 猶恐失之니라.
학 여 불 급   유 공 실 지

《논어》〈태백편〉에 실려 있는 글입니다.

배우는 길, 곧 학문하는 길은 멀고, 사람의 일생 동안 끝이 없습니다.

또한 배움에는 때가 있습니다. 그러니 목표에 도달하지 못할까 두려워하지 말고, 시간을 아껴서 꾸준히 노력하라고 가르쳐 주고 있습니다.

 한자 정리

猶 오히려 유, 움직일 요
뜻을 나타내는 개사슴녹변[犭(=犬)-개]부와 음을 나타내는 유(酋)로 이루어 짐. 원숭이의 일종으로 의심이 많은 성질이 있음. '오히려', '망설이다'의 뜻으로 쓰임.

恐 두려울 공
뜻을 나타내는 마음심[心(=忄, 㣺)- 마음, 심장]부와 음을 나타내는 동시에 몸을 지지러지게 하다의 뜻을 나타내는 글자 공(鞏)이 합해 이루어짐. '두렵다', '두려워하다', '무서워하다'의 뜻.

논어 수업 》 보람되고 성실하게 사는 길

용맹을 좋아하고 가난을 싫어하면

용맹을 좋아하고 가난을 싫어하면,

난동을 일으키고,

남이 사람으로서 어질지 못하다고 해서,

그를 지나치게 미워해도 난동을 일으킨다.

好勇疾貧이 **亂也**요
호 용 질 빈   난 야

人而不仁을 **疾之已甚**이 **亂也**니라.
인 이 불 인   질 지 이 심   난 야

이 글은 《논어》 〈태백편〉에 실려 있습니다.

용맹한 사람이 자기의 가난을 싫어하면 나쁜 짓을 저질러 나라의 질서와 사회 질서를 어지럽힐 수 있습니다. 용맹해도 그 마음의 바탕에 '의로움' 곧 '정의'가 자리 잡고 있어야 그 용맹이 가치가 있습니다.

어느 날 자로가,

"스승님, 군자도 용맹을 존중합니까?"

하고 묻자 공자는,

"군자는 의로움을 으뜸으로 삼지. 군자에게 용맹만 있고 의로움이 없으면 나라를 어지럽히고, 소인에게 용맹만 있고 의로움이 없으면 도둑이 된다네."
라고 대답했습니다.

또한 남이 어질지 못하다고 해서 그 사람을 지나치게 미워하면 그 사람은 나쁜 짓을 해서 사회 질서를 어지럽힐 수 있습니다.

중국 춘추 시대 오나라 사람으로, 손자라고 불리는 손무가 지은 병법서 《손자병법》에는,

"적을 포위할 때는 반드시 한쪽을 터놓는다."

라고 했습니다.

아무리 나쁜 짓을 했다 해도 그 사람을 지나치게 꾸짖고 미워하면 더욱 비뚤어질 것입니다. 그러므로 선으로 다스려 착한 사람이 될 수 있게 이끌어 주어야 합니다.

병법서兵法書 군사를 지휘해 전쟁하는 방법에 관한 책.

 한자 정리

亂 어지러울 난(란)
뜻을 나타내는 새을[乙(=乚)-초목이 자라나는 모양]부와 음을 나타내는 글자 란(실패에 감긴 실의 상하에 손을 대고 푸는 모양 → 일이 어지러움)으로 이루어짐. 얽힌 것을 바로잡는 → 일, 나중에 얽힌다는 뜻으로 쓰임. '어지럽다', '어지럽히다'로 씀.

疾 병 질
뜻을 나타내는 병질엄(疒-병, 병상에 드러누운 모양)부와 음을 나타내는 시(矢-화살)가 합해 이루어짐. 본래 화살 상처를 뜻하였지만, 나중에 넓은 뜻의 앓다, 미워하다의 뜻으로 쓰이고, 또 음을 빌어, 재빠르다의 뜻으로도 쓰임. '병', '아픔'의 뜻으로 쓰임.

논어 수업 » 보람되고 성실하게 사는 길

참되고 성실하며 믿음이 가는 사람

방자하면서 곧지 않고,
무식하면서 성실하지 않으며,
무능하면서 믿음이 가지 않는 사람을,
나도 이해할 수 없다.

狂而不直하며 侗而不愿하며
광 이 부 직　　　통 이 불 원

悾悾而不信을 吾不知之矣로다.
공 공 이 불 신　　오 부 지 지 의

이 글은 《논어》〈태백편〉에 실려 있습니다.

사람에게는 진실하지 않고 성실하지 않은 점이 많습니다. 그리고 아는 것이 없고 재능이 없는데도 허세를 부리는 일도 많습니다. 그러니 우리는 참되고 성실하며 믿음이 가는 사람이 되어야 합니다.

사람은 누구에게나 단점이 많습니다. 그러나 장점도 많습니다. 그런데 단점을 메워 줄 장점이 있으면서도 그것을 쓰지 않는 사람은 자신을 못난이로 만듭니다.

공자는 이런 사람을 세 가로 나누어 말했습니다.

허세虛勢 실속이 없이 겉으로만 드러나 보이는 기세.

참된 마음으로 스스로 반성하면 못난이였던 자신의 성품을 보람되게 가꾸어 갈 수 있습니다. 그렇게 된 새로운 '나'로 만들어, 그렇게 하지 않는 못난이 친구들도 도와주어야 합니다.

인간성人間性 사람의 됨됨이.

우리가 사는 세상이 발전해 살기 좋아지면 좋아질수록 인간성은 자꾸 땅에 떨어져서, 참으로 한심스럽고 딱하며 안타깝습니다.

한자 정리

悾 정성 공
뜻을 나타내는 심방변[忄(=心, 㣺)- 마음, 심장]부와 음을 나타내는 글자 공(空)이 합해 이루어짐. '정성', '참된 마음'의 뜻.

信 믿을 신
인(人)과 언(言)이 합해 이루어짐. 사람이 하는 말에 거짓이 없는 일 → 성실을 말함의 뜻에서 성실함을 나타냄. '믿다', '성실하다'의 뜻으로 쓰임.

논어 수업 » 보람되고 성실하게 사는 길

젊은 사람이 두렵다

젊은 사람이 두렵다.
뒷날에 그들이 왜 지금의 나만 못하다고 하겠는가.
그러나 사오십에도 학문과 덕으로 이름이 나지 않으면, 그런 사람은 무서울 것이 없다.

後生이 可畏니 焉知來者之不如今也리오
후생   가외   언 지 래 자 지 불 여 금 야

四十五十而無聞焉이면 斯亦不足畏也已니라.
사 십 오 십 이 무 문 언   사 역 부 족 외 야 이

이 글은 《논어》〈자한편〉에 실려 있습니다.

사람은 어릴 때 무한한 발전 가능성을 지니고 있습니다. 그래서 어릴 때부터 열심히 학문과 덕을 배우고 익혀 쌓아 나간다면 장차 훌륭한 사람이 되는 것은 틀림없습니다. 그러나 어른이 되도록 그 학문이나 덕이 이루어지지 않는다면 그 사람은 기대할 사람이 못 된다는 것입니다.

이 말은 곧 젊은 사람들에게 끊임없이 노력하고 몸과 마음을 닦아 학문과 덕을 쌓으라는 가르침입니다.

'젊은 사람이 두렵다.'

젊은 사람은 앞으로 어떤 위대한 인물이 될지 알 수 없습니다. 그러니 어찌 두렵지 않겠습니까! 그러나 노력하고 몸과 마음을 닦아 학문과 덕을 쌓지 않으면 결코 위대한 인물이 될 수 없습니다.

어린이 여러분은 자기 자신만 성실하다면 크게 발전할 수 있고, 또한 위대한 인물도 될 수 있습니다. 그러니까 마음속에 깊이 새기고 노력합시다. 열심히!

 한자 정리

後 뒤 후, 임금 후
발걸음[두인변(彳 – 걷다, 자축거리다)부]을 조금씩(문자의 오른쪽 윗부분) 내딛으며 뒤처져[뒤져올치(夂 – 머뭇거림, 뒤져 옴)부] 오니 '뒤'를 뜻함.

來 올 래(내)
보리의 모양을 나타낸 글자. 아주 옛날 중국말로는 '오다'라는 뜻의 말과 음이 같아 래(來)자를 빌어 썼음. 나중에 '보리'는 맥(麥)자를 만들었음. 보리는 하늘로부터 전해 온다고 믿어, 보리를 '오다'라는 뜻으로 쓴다고 옛날 사람은 설명함.

논어 수업 》 보람되고 성실하게 사는 길

스스로 고치지 않는다면

바른 길로 이끌어 주는 말에 따라

자기 자신의 잘못을 고칠 줄 아는 것이 중요하다.

부드럽게 타이르는 말은

능히 근본을 밝히고 찾아 주어 좋다.

그러나 기뻐하기만 하고

그 말의 참뜻을 찾아 밝히지 못하고,

따르기만 하고 자기 잘못을 고치지 않는다면

나도 그 사람을 어찌할 수 없다.

法語之言은 能無從乎아 改之爲貴니라.
법어지언　능무종호　개지위귀

巽與之言은 能無說乎아 繹之爲貴니라.
손여지언　능무열호　역지위귀

說而不繹하며 從而不改면 吾末如之何也已矣니라.
열이불역　　종이불개　오말여지하야이의

《논어》〈자한편〉에 실려 있는 글입니다.

사람은 누구나 올바른 충고는 잘 받아들입니다. 그러나 잘못을 고치라 하면 불쾌하게 여기고 화까지 내며, 자기 잘못을 스스로 고치는 사람은 드뭅니다.

여기서 마땅히 앞서야 할 것은 자기 잘못을 스스로 고치는 일입니다. 부드럽고 친절하게 타이르는 말은 누구나 듣기 좋아합니다. 그러나 그 듣기 좋은 것이 문제가 아니라, 그 말에 담긴 큰 뜻을 알아내 스스로 실천하는 데 그 참뜻이 있습니다. 말하자면 자기 스스로가 배우지 않고 고치지 않는다면 아무리 인격이 높고 훌륭한 스승에게 가르침을 받아도 헛되다는 것입니다.

스스로 노력합시다. 참다운 길을 찾아서!

한자 정리

法 법 법
물(水)은 높은 데서 낮은 곳으로 흘러가는(去) 규칙이 있다는 뜻이 합해 '법', '규정'을 뜻함.

繹 풀 역
뜻을 나타내는 실사(糸-실타래)부와 음을 나타내는 글자 역(睪)이 합해 '풀다'의 뜻으로 쓰임.

貴 귀할 귀
뜻을 나타내는 조개패(貝-돈, 재물)부와 음을 나타내는 글자 (궤→귀)가 합해 이루어짐. 궤-귀)는 흙을 담는 그릇, 대나무로 만든 바구니, 나중에 흙이 아니고 물건을 넣어두는 것에도 씀. 패(貝-재산), 많이 있는 보배, 귀하게 여기는 일이라는 뜻에서 '귀하다'로 씀.

說 기뻐할 열, 말씀 설, 달랠 세
뜻을 나타내는 말씀언(言-말씀)부와 음을 나타내는 글자 열(兌)로 이루어짐. 말(言)로 나타낸다는 뜻이 합해 '말씀'을 뜻함. 팔(八)은 흩어지게 하는 일, 형(兄)은 입의 움직임을 일컬음. 음을 나타내는 탈·열(兌)은 큰소리를 질러 함께 모여 즐김, 나중에 기뻐함에는 열(悅)이라고 쓰고, 말로 구별함을 설(說)이라고 씀.

논어 수업 » 보람되고 성실하게 사는 길

군자가 갖추어야 할 세 가지 덕

지혜로운 사람은 미혹되지 않고,
어진 사람은 걱정하지 않고,
용감한 사람은 두려워하지 않는다.

知者不惑하고 仁者不憂하고 勇者不懼니라.
지자불혹　　　인자불우　　　용자불구

이 글은 《논어》 〈자한편〉에 실려 있습니다.
지, 인, 용에 대한 유명한 공자의 가르침입니다.
지와 인과 용은 군자가 갖추어야 할 세 가지 덕입니다.
지는 지혜로운 판단력, 인은 박애정신이며, 용은 과감한 실천력입니다.

박애정신博愛精神 모든 사람을 평등하게 사랑하는 마음의 자세나 태도.

미혹迷惑 무엇에 홀려 정신이 차려지지 못함. 또는 정신이 헷갈리어 갈팡질팡 헤매게 됨.

　지혜로운 사람은 미혹되지 않아 올바른 판단을 해서 어떤 일을 당해도 나쁜 일에 빠져들거나 당황하지 않습니다.
　어진 사람은 남을 사랑하고 욕심이 없어 걱정하지 않습니다.
　용감한 사람은 과감하게 실천해서 두려워하지 않습니다.
　이 세 가지를 갖춘 사람을 군자라고 합니다. 그러니 이 세 가지를 따라 실천해서 군자가 되도록 노력하라는 가르침이 담겨 있는 말입니다.
　사람은 모든 행동을 신중하게 하고, 마음에 근심을 덜기 위해서는 무엇보다도 지나친 욕심을 버려야 합니다.

한자 정리

惑 미혹할 혹
　뜻을 나타내는 마음심[心(=忄, 㣺)-마음, 심장]부와 음을 나타내는 동시에 혹시, 혹은의 뜻을 가진 혹(或)으로 이루어짐. 마음에 혹시, 혹은 하고 생각하다의 뜻에서 '미혹하다'로 씀.

懼 두려워할 구
　뜻을 나타내는 심방변[忄(=心, 㣺)-마음, 심장]부와 음을 나타내는 동시에 눈을 크게 뜨고 두려워 한다는 뜻을 갖는 구(瞿)로 이루어져 '두려워하다', '두렵다', '걱정하다'로 쓰임.

중국 고대의 성군들

공자가 성인으로 받든 성군은 중국 신화 속 군주인 요임금과 다음대 군주인 순임금, 하나라의 우임금, '은나라'라고도 하는 '상나라'의 탕임금, 주나라의 문왕과 무왕과 주공 등이었습니다.

요임금은 순임금과 함께 성군으로 불리며 '요순'처럼 함께 묶어 많이 씁니다. 주로 뛰어난 군주를 찬양하거나 먼 옛날의 이상적인 군주를 이르는 말로 쓰입니다. 우임금, 탕임금까지 합쳐 '요순우탕'이라고 쓰이기도 합니다.

그 가운데 공자가 가장 숭배하고 그리워하던 성군은 주공입니다. 주공은 주나라 건국에 큰 공을 세운 인물로 문왕의 아들인데, 주나라의 모든 문물제도를 만들어 중국 역사상 처음으로 문화를 꽃피게 했습니다.

그러므로 주공이야말로 공자의 이상적인 인간상이었고, 주공이 이룩한 사회를 다시 만드는 것이 공자의 이상이었습니다.

공자는 자나 깨나 주공을 따르려고 해서 꿈속에서도 여러 번 만났습니다.

그러나 공자는 끝내 자기 이상인 도의 사회 실현을 보지 못했습니다. 공자의 이상, 공자의 꿈, 공자의 희망은 완전히 깨지고 말았던 것입니다.

그러면 공자가 성인으로 숭배한 성군들은 공자가 꿈꾸었던 도의 나라를 이루기 위해 어떤 일들을 했을까요?

성군聖君 어질고 덕이 뛰어난 임금.

문물제도文物制度 문물과 제도를 아울러 이르는 말. 문물이란 문화의 산물로, 곧 정치, 경제, 종교, 예술, 법률 등의 문화에 관한 모든 것을 통틀어 이르는 말이다. 또한 제도는 관습이나 도덕, 법률 등의 규범이나 사회 구조의 체계를 말한다.

요임금

요임금는 중국 신화 속 임금으로, 중국 삼황오제 신화 가운데 오제의 한 군주입니다. 중국 태고의 임금 가운데 가장 이상적인 성인의 덕을 지닌 어진 임금으로 전해지고 있습니다.

요임금은 언제 태어나서 언제 세상을 떠났는지는 알 수가 없고, 제곡 고신의 아들로 이름은 방훈이며, 당요 또는 제요도당이라고도 합니다. 이것은 요임금이 당 지방을 다스렸기 때문에 붙여졌습니다.

《사기》와 여러 역사서의 기록에 따르면, 요는 스무 살에 임금이 되어 덕으로 나라를 다스렸습니다. 요임금은 나라를 다스릴 때, 가족들이 화합하고 백관의 직분이 공명정대해서 모든 제후국들이 화목했습니다.

또한 희씨와 화씨 가문에 일러 계절의 구분에 따라 알맞은 시기에 농사를 지을 수 있게 가르쳐주도록 하고, 천문과 역수를 정비해 1년을 366일로 정해 백성들의 농사에 큰 도움을 주었습니다. 그리고 조정의 모든 벼슬아치들을 정비했습니다. 또한 요임금은 자기가 의논하지도 않고 혼자 판단하거나 결정해 나랏일을 잘못하는 것을 걱정해서 궁전 입구에 간언하는 북인 '감간고'를 달아 경계하도록 했습니다. 그리고 만백성에게도 덕을 베풀어 태평성대를 이루었습니다.

그러나 매년 큰 홍수가 나서 물이 넘치는 황하를 다스리려고 곤을 시켜 9년 동안 치수 공사를 하게 했지만 실패하고 말았습니다.

임금이 된지 70년쯤이 지난 뒤에, 요임금은 신하들에게 자신의 후계자를 추천하라고 명했습니다. 아들 단주가 아직 어렸기 때문입니다. 신하들은 전욱 고

태고太古 아득한 옛날. 아주 먼 옛날.

공명정대公明正大하는 일이나 태도가 사사로움이나 그릇됨이 없이 아주 정당하고 떳떳함.

역수曆數 천체의 운행과 기후의 변화가 철을 따라서 돌아가는 순서.

간언諫言 웃어른이나 임금에게 옳지 못하거나 잘못된 일을 고치도록 하는 말.

치수治水 수리 시설을 잘해서 물길을 바로 잡아 홍수나 가뭄의 피해를 막음.

양의 후손이며, 효성이 지극한 순을 추천했습니다. 요임금은 순에게 두 딸을 시집보내고 여러 가지 일을 맡겨 순의 사람됨과 능력을 3년 동안 시험한 뒤에 순을 등용해서 나랏일을 맡겼습니다.

등용登用 인재를 뽑아서 씀.

이때 순에게 요임금이,

"하늘이 이번에는 그대에게 왕위에 오르도록 명령하신 것이니, 이 하늘의 명령을 받들어 삼가 바른길로 천하를 다스리라. 만일 하늘의 명령을 잊고 온 나라 백성을 가난에 빠뜨린다면 하늘이 내린 왕위는 영원히 끊어질 것이니라."

하고 엄히 경계하라고 일렀습니다.

20년이 지나자 요임금은 순에게 어린 아들 단주 대신 나라를 다스리라 이르고 은거하다가 8년 뒤에 세상을 떠났습니다.

은거隱居 예전에, 벼슬자리에서 물러나 한가로이 지내던 일.

이렇게 해서 요임금은 중국 여러 임금들의 모범으로 높이 받들어 우러르고 있습니다.

순임금

순임금은 중국 신화 속 임금으로, 중국 삼황오제 신화 가운데 오제의 마지막 군주입니다.

순임금은 언제 태어나서 언제 세상을 떠났는지는 알 수가 없고, 전욱 고양의 후손으로, 성은 우이고, 이름은 중화이며, 우순 또는 제순유우라고도 합니다.

제왕의 후손이지만 여러 대를 거치면서 지위가 낮은 백성이 되어 가난하게 살았습니다.

아버지 고수는 장님인데, 어머니가 세상을 떠나자, 아버지는 새 장가를 들어 아들 상을 낳았습니다. 아버지는 의붓어머니와 상을 더 사랑해서 순을 죽이려고 했지만, 순은 부모가 죄를 짓지 않게 하려고 잘 피하면서 효도를 다했습니다. 그러면서도 형제간에는 더욱 다정하게 지내서 스무 살 때 효자로 이름이 널리 알려졌습니다.

서른 살 때에는 요임금이 순을 후계자로 삼으려 시험해 여러 가지 임무를 맡기고 두 딸을 시집보냈습니다.

순이 맡은 임무를 모두 잘 해내고, 요임금의 두 딸과도 행복하게 가정생활도 잘 꾸려가자, 요임금은 순을 등용해 나랏일을 맡겼습니다.

순은 이전 제왕들을 섬기던 신하들의 훌륭한 후손들을 찾아 적재적소에 임명했습니다. 그리고 악한 후손들을 찾아 멀리 유배를 보냈습니다.

요임금이 세상을 떠나자, 순은 요임금의 아들 단주에게 왕의 자리를 양보하고 변방에 은거했습니다. 그러나 신하들과 백성들이 은거한 순을 찾아와 조회를 보고 재판을 치르자,

'아, 하늘의 뜻을 거스를 수 없도다.'

하며 깨닫고 돌아와 임금이 되었습니다.

왕위에 오른 순임금은 여러 신하들을 전문적인 직분에 따라 임명했고, 사방의 오랑캐를 정벌하고 회유해서 넓은 강역에까지 다스렸습니다.

특히 홍수를 다스리려고 우를 등용해 마침내 치수에 성공했습니다. 우의 성공적인 치수로 농토가 늘어나자, 문무백관은 물론이고 천하의 모든 백성들까지도 순임금의 뛰어난 인재 등용을 칭송했습니다.

순임금은 우를 칭찬하고 구슬을 선물했습니다.

'우는 이렇게 뛰어나 큰 공을 세웠는데, 내 아들 상균은 왕위에 적합하지 않

적재적소適材適所 알맞은 인재를 알맞은 자리에 씀. 또는 그런 자리.

유배流配 죄인을 귀양 보냄.

변방邊方 중심지에서 멀리 떨어진 가장자리 지역.

회유懷柔 어루만지고 잘 달래어 시키는 말을 듣도록 함.

문무백관文武百官 문관과 무관을 통틀어 부르는 말.

으니 이를 어쩐단 말인가, 쯧쯧쯧……. 으음, 할 수 없지.'

이렇게 생각한 순임금은 나라를 다스린 지 22년이 되던 해에 우를 후계자로 삼았습니다.

그런 뒤에 세월이 흘러 순임금이 나라를 다스린 지 39년이 되던 해였습니다. 나라 남쪽 지방을 두루 돌아다니며 살피던 순임금이 그만 세상을 뜨고 말았습니다.

순임금은 의붓어머니가 괴롭혀도 효성이 지극했고, 형제간에 우애가 두터웠습니다. 훗날, 요임금의 두 딸과 결혼해 임금이 되어서도, 요임금의 교훈을 잘 지키고 받들어 어진 정치를 펴기에 힘썼습니다. 이렇게 해서 백성들과 후세 임금들은 순임금을 어진 임금으로 우러러 받들었습니다.

우임금

우임금은 중국 전설상 임금으로, 언제 태어나서 언제 세상을 떠났는지는 알 수가 없습니다.

《사기》〈하본기〉에 따르면, 우임금은 전욱의 손자이고, 곤의 아들입니다. 요임금 때 대홍수가 나서, 그때 어린 단주 대신 나라를 다스리던 순이 우에게 치수를 명했습니다. 13년 동안 노력한 끝에 사업에 성공, 천하를 9주로 나누고 공부를 정했습니다.

공부貢賦 나라에 바치던 물건이나 세금.

순임금이 세상을 떠나자, 백성들이 우러르고 따르는 우가 왕위를 물려받아 나라 이름을 하로 고치고 안읍에 도읍을 정했습니다.

우임금이 나라를 다스린 지 10년 만에 세상을 떠나자, 제후들의 추대로 아들

천자天子 천제(天帝)의 아들. 즉 하늘의 뜻을 받아 하늘을 대신해 천하를 다스리는 사람이라는 뜻으로, 군주 국가의 최고 통치자를 이르는 말. 우리나라에서는 임금 또는 왕(王)이라고 했다.

세습世襲 한 집안의 재산이나 신분, 직업 등을 대대로 물려주고 물려받음.

계가 천자가 되었습니다. 이때부터 천자 자리를 세습해서 하왕조가 시작됐습니다.

아버지 곤은 요임금의 신하로 치수를 맡아 보았는데, 우는 아버지의 뒤를 이어 황하의 홍수를 잘 다스려 크게 공을 세웠습니다.

이렇게 해서 왕위에 오른 뒤에도 우임금은 생활을 검소하게 하고, 조상을 모시는 제례를 극진히 했으며, 농토에 물을 대는 수로공사에 온힘을 기울이는 등, 모든 일에 빈틈이 없었습니다.

그리고 뛰어난 인물들을 많이 등용해 나라를 잘 다스려서 하나라는 태평성대를 누렸습니다.

탕임금

탕임금은 기원전 1600년쯤에 '은나라'라고도 하는 '상나라'를 세웠고, 이름은 리인데, 언제 태어나 언제 세상을 떠났는지 알 수가 없습니다. 천을, 대을, 태을, 성탕, 성당이라고도 합니다.

탕이 하나라 신하로 있을 때였습니다. 그때 하나라 임금 걸은 성격이 무척 사나웠고 포악한 정치를 했습니다. 거기에다 사치스럽기까지 해서 백성들은 가난과 굶주림에 허덕였습니다. 타락한 관리들까지도 백성들을 괴롭혔습니다. 이것을 본 탕은 더 이상 두고 볼 수가 없었습니다.

탕은 뜻을 같이하는 훌륭한 신하 이윤의 도움을 받아 걸을 토벌하려고 제후들을 모았습니다.

그리고 하늘에 제사를 올렸습니다.

"정성으로 마련한 제물을 바치고 감히 천제께 아뢰옵나이다. 하늘의 명을 거역하고 불쌍하고 힘없는 백성들을 가난에 빠뜨린 폭군을 용서할 수 없으며, 백성들을 가난의 구렁텅이에서 구해야 할 천제의 신하를 어찌 그냥 버려둘 수 있겠사옵니까. 이리하여 불초 제가 감히 하늘의 명을 받들어 예의 없고 막돼먹은 임금 걸을 토벌하려 하오니, 천제께서는 부디 통촉하시어 허락해 주시옵소서."

이어서 탕이 제후들에게 말했습니다.

"이번 거사가 죄가 된다면 그 죄는 여러분과 만백성에게 있는 것이 아니라, 저 막돼먹은 임금 걸을 토벌하려는 나에게 있는 것이오. 그러니 벌을 받는다면 나 혼자 받을 것이니, 여러분은 정의를 위해 악을 없애려는 이 거사에 주저 말고 협조해 주시오."

이렇게 해서 걸을 치고 하나라를 쳐 없앤 탕이 상나라를 세웠던 것입니다.

그 뒤로 상나라는 오랫동안 태평성대를 누렸습니다.

성격이 몹시 사나워 정치를 그르쳐 탕임금에게 쫓겨난 하나라 임금 걸은, 어진 정치를 한 요임금, 순임금과 좋은 비교가 되고 있습니다.

천제天帝 하느님.

불초不肖 자기를 겸손하게 일컫는 말.

통촉洞燭 윗사람이 아랫사람의 사정이나 형편 등을 깊이 헤아려 살핌.

거사巨事 매우 거창한 일.

문왕

주나라의 기초를 닦은 문왕은 나라를 잘 다스린 임금으로, 덕으로 나라를 다스리기에 힘썼고 상나라와 평화롭게 지냈으며 제후들의 믿음을 얻었습니다. 유가에서는 이상적 군주라고 칭송했습니다.

문왕은 성이 희이고, 이름은 창인데, 서백이라고도 부르고, 언제 태어나 언제 세상을 떠났는지 알 수 없습니다. 계왕의 아들이고, 무왕의 아버지이며, 어머니는 상나라에서 온 태임입니다.

문왕은 중국 주나라 선조 태상왕 고공의 손자였습니다.

고공에게는 태백, 중옹, 계력의 세 아들이 있었습니다. 그런데 막내 동생 계력의 아들 창이 재주가 뛰어나고 총명하며 덕이 있었습니다. 창의 사람됨이 보통이 아니라는 것을 눈치 챈 맏아들 태백은 자신이 이어받아야 할 왕위를 막내 동생 계력에게 양보하고, 동생 중옹과 함께 슬그머니 오나라로 망명했습니다.

그래서 왕위는 무사히 조카 창에게 이어졌습니다.

임금이 된 희창은 그 큰아버지가 기대한 대로 좋은 정치를 베풀었습니다.

그러던 어느 날, 위수에서 낚시를 하고 있는 강태공을 만나, 스승으로 삼고 더욱 어진 정치를 베풀었습니다.

희창이 세상을 떠난 뒤, 아늘 희발이 상나라를 멸망시키고 주나라를 세웠으며, 아버지에게 문왕이라는 시호를 추존해 우러러 받들었습니다.

뒤에 유가로부터 덕이 높은 천자로 숭앙받았으며, 문왕과 무왕의 덕을 기리는 다수의 시가 《시경》에 수록되어 있습니다.

시호諡號 제왕이나 재상, 벼슬, 유현들이 죽은 뒤에, 그들의 공덕을 칭송해 붙인 이름.

추존追尊 왕위에 오르지 못하고 죽은 이에게 임금의 칭호를 줌.

무왕

주나라의 기초를 이룬 희창의 뒤를 이어 아들 희발은 주나라를 세우고 무왕이 되었는데, 언제 태어나 언제 세상을 떠났는지 알 수 없습니다.

희발은 어진 스승이며 신하인 강태공과 어진 동생 주공 등의 도움을 받아 '은나라'라고도 하는 '상나라'를 쳐 없애고, 어진 정치를 베풀었습니다.

무왕은 상나라의 주왕이 폭정으로 백성들을 괴롭히고 나라를 어지럽히자 여러 신하들에게,

"주나라는 이미 하늘의 명을 받고 있는 것이오. 그리하여 천하의 어진 사람들이 모여든 것이오. 상나라에 비록 미자, 기자, 비간과 같은 가까운 친척에 어진 신하들이 있다고 하나, 천하에서 모여든 주나라의 어진 신하들만 하겠소. 이와 같이 하늘의 명과 민심이 주나라로 기울어져 있기에 짐이 상나라의 주왕을 토벌하려는 것이오. 이번 거사가 죄가 된다면 그 죄는 여러분과 만백성에게 있는 것이 아니라, 저 예의 없고 막돼먹은 임금을 토벌하려는 짐에게 있는 것이오. 그러니 그 책임은 과인이 혼자 질 것이오."

라고 외친 뒤, 군사를 휘몰아 상나라를 쳐서 멸망시켰습니다.

이렇게 해서 주나라를 강력하게 만든 무왕 희발은 새로운 문물제도를 마련해, 백성들을 잘 살게 하고 예절을 잘 지키게 하려는데 중심을 두고 천하를 다스렸습니다.

그리고 무왕 희발은 우임금과 탕임금과 함께 어진 덕을 추모해 기나라와 송나라를 세워, 각각 그 후손들에게 조상의 제사를 받들게 했습니다.

짐朕 임금이 '나'라는 뜻으로 자기를 일컫는 말.

과인寡人 덕이 적은 사람이라는 뜻으로, 임금이 자기를 낮추어 일컫는 말.

추모追慕 죽은 사람을 그리며 생각함.

주공

주공은 주나라 문왕의 아들이고, 무왕의 동생이며, 성이 희, 이름은 단입니다.

형 무왕을 도와 상나라를 멸망시켰고, 무왕이 세상을 떠난 뒤에는 어린 조카 성왕을 도와 주나라 왕실의 기초를 더욱 튼튼하게 쌓았습니다.

봉건제도封建制度 임금이나 황제가 여러 제후에게 토지를 나누어 주어, 제후가 각자의 영유 지역에 대해 모든 권리를 가지는 국가 조직.

영지領地 제후를 봉해 땅을 내줌.

주공은 또한 동쪽 오랑캐를 쳐서 황하 하류의 평원을 차지했고, 성왕에게 어진 정치를 베풀게 해서 문물과 예악의 제도와 봉건제도 등을 확립했습니다.

그리고 일찍이 무왕은 주공의 공을 높이 치하하고, 이에 보답해 산동성 곡부를 영지로 내리고, 노나라의 왕으로 봉했습니다.

이렇게 해서 주공은 바로 노나라의 시조가 되었습니다.

그러나 주공은 노나라로 가지 않고 계속 무왕과 성왕을 도왔으며, 아들 백금을 대신 보내어 노나라를 다스리게 했습니다.

이렇게 해서 주공의 인격과 어진 정치는 공자의 이상으로 숭배되었습니다.

주공은 노나라로 떠나는 아들 백금에게 다음 네 가지를 타일렀습니다.

첫째, 친척을 버리지 말거라. 가까운 친척을 멀리하는 사람이 어찌 남과 오래도록 친하게 지낼 수 있겠느냐? 또 임금이 친척과 화목하지 않다면 백성들이 어찌 친척과 화목하기를 바랄 수 있겠느냐?

둘째, 대신들이 자신의 의견이 선택되지 않아 원망하는 일이 없게 하라. 올바른 의견과 옳지 못한 의견을 잘 가려 버릴 것은 버리고 취할 것은 취해야 하느니라.

원로元老 예전에, 나이나 벼슬, 덕망이 높은 벼슬아치를 이르던 말.

셋째, 오래 일해 온 원로 신하들은 반역과 같은 큰 잘못이 없는 한 버리지 말거라. 오래 사귄 사이라면 그만큼 믿음과 의리도 두텁기 때문이니라. 그러나 잠깐 사귄 사람 말을 믿어 오래 쌓은 믿음과 의리를 저버려서는 안 되느니라.

넷째, 한 사람에게 모든 재능이 다 갖추어지기를 바라지 말거라. 사람의 재능에는 한계가 있고 각각 장점이 따로 있으니, 인재들을 가려 알맞은 자리에 앉히거라. 또한 그 인재들이 서로 힘을 합치게 이끌어야 발전할 수 있느니라.

이 말은 주공이 아들 백금에게 준 큰 교훈이었습니다.

이렇게 해서 백금은 주공의 가르침에 따라 노나라를 잘 다스려, 춘추 시대 여러 나라 가운데서 가장 문화가 발달된 나라가 되었습니다. 또한 이런 어진 정치를 베풀어서 가장 도의가 바로 선 나라가 되었습니다.

● 인물소개

주왕

　　주왕은 '은나라'라고도 하는 '상나라'의 마지막 임금입니다.
　　본명은 제신, 제신수이고, 주는 시호이며, 아버지 제을에게 왕위를 물려받아 상나라의 임금이 되었습니다.
　　주왕은 키가 크고 몸집도 좋았습니다. 잘생긴데다가 총명하고 힘까지 장사였습니다. 군사적 재능도 뛰어나 많은 전쟁에서 승리를 거두었습니다. 그러나 달기라는 여자에게 빠져 나라를 돌보지도 않고, 지나치게 무거운 세금과 무서운 형벌로 백성들을 괴롭혔습니다. 충신들이 주왕에게 잘못을 고치라고 말했지만, 오히려 주왕에게 죽임을 당하고 말았습니다.
　　주왕에게 충심으로 옳은 말을 했던 비간도 죽이고 말았습니다. 비간은 상나라 제28대 태정제의 둘째 아들이고 주왕의 작은아버지입니다.
　　마침내 주왕을 비판하는 제후들과 주나라 무왕의 공격을 받자, 녹대에 불을 지르고 그 속에서 스스로 불에 타 죽었습니다.
　　하나라 마지막 임금 걸과 함께 대표적인 폭군으로 불리며, 중국 역사상 가장 포악하고 잔인한 임금으로 알려져 있습니다.

녹대鹿臺 중국 은나라의 주왕이 재물과 보물을 모아 두던 곳.

미자·기자·비간

　　상나라에는 이름난 어진 신하가 있었습니다.
　　그 신하는 바로 주왕의 서형 미자와 큰아버지 기자, 작은아버지 비간 세 인물입니다.
　　그런데 미자는 주왕에게 간언하다가 듣지 않자 상나라를 떠나 주나라로 갔습니다. 기자 또한 간언하다가 옥에 갇혀 미친 척하면서 주왕의 종노릇을 했습니다.
　　그리고 비간은 끝까지 간언했는데 주왕이,
　　"성인의 가슴속에는 일곱 구멍이 있다 하니, 어디 짐이 시험해 보겠도다."
하고 참혹하게 죽이고 말았습니다.
　　그 뒤, 미자는 주나라로부터 송나라 땅을 영지로 받아 조상들의 제사를 받들었으며, 공자의 먼 조상이 되었습니다.

서형庶兄 본부인에게서 난 아들이 첩에게서 태어난 형을 이르는 말.

간언諫言 윗사람에게 잘못을 고치라고 충고하는 말.

기자는 동쪽으로 멀리 피해가 살았습니다.

사람됨이 곧고 강직해 주왕의 폭정을 바로잡기 위해 간언하다가 잔인하게 죽임을 당한 비간, 상나라를 떠난 미자와 기자 이 세 인물을 상나라 말기 세 어진 사람이라 해서 '삼인'으로 꼽히며, 중국 백성들은 대표적인 충신으로 존경하고 있습니다.

강태공

중국 주나라 초기의 정치가로, 후에 문왕이 된 희창의 스승이며, 주나라를 세운 무왕 희발을 도와 '은나라'라고도 하는 '상나라'를 정벌한 개국공신으로, 후에 제나라 시조가 되었으며, 언제 태어나 언제 세상을 떠났는지는 알 수가 없습니다.

본명은 강상으로, 선조가 여나라에 봉해져서 '여상'이라 하고, '태공망'이라고도 했습니다.

강태공은 동해에서 사는 가난한 사람이었고, 집안을 돌보지 않아 아내가 집을 나갔다고 전합니다. 하루는 위수에서 낚시를 하고 있는데, 인재를 찾아 떠돌던 주나라의 기초를 세운 희창을 만났습니다. '서백'이라고도 하는 희창은 노인의 범상치 않은 모습을 보고 이야기를 나누다가 인물됨을 알아보고 주나라 재상으로 등용했습니다. 강태공을 '태공망'이라고 불렀는데, 이것은 주나라 무왕의 선군인 태공(太公)이 바랐던(望) 인물이어서 그렇게 불렀다고 전해집니다.

강태공에 대한 이야기는 대부분이 전설적이지만, 전국 시대부터 경제적 수완과 병법가로서의 재주가 뛰어났다고 합니다. 지은 책으로는 병서 《육도》 6권이 있습니다.

그런 뒤에 오늘날까지도 이 이야기를 바탕으로 해서 한가하게 낚시하는 사람을 '강태공' 혹은 '태공'이라 하게 되었습니다.

강태공은 주나라 왕실로부터 제나라 땅을 영지로 받아 어진 정치를 베풀었습니다.

이 나라는 강태공과 그 뒤를 이은 임금들이 인재를 고루 등용해 나라를 잘 다스렸습니다. 그래서 문화가 발전하고 도의가 바로 섰습니다. 특히 환공 때에는 이름난 어진 신하 관중이 부국강병책을 써서 나라를 잘 다스렸기 때문에 제나라는 춘추 시대, 곧 주나라 후반기에 여러 나라들 가운데 가장 강한 나라가 되었습니다. 그러나 정돈된 문물제도와 도와 덕으로 나라를 다스린 것은 노나라를 따르지 못했습니다.

개국공신開國功臣 나라를 새로 세울 때 큰 공로가 있는 신하.

선군先君 선대의 임금.

수완手腕 일을 꾸미거나 처리해 나가는 재간.

병법가兵法家 군사를 지휘해 전쟁하는 방법에 능한 사람.

병서兵書 병법에 대해 쓴 책.

관중

중국 춘추 시대 정치가로, 본명은 관이오이고, 자를 중이라 했으며, 언제 태어났는지는 알 수 없으나 기원전 645년에 세상을 떠났습니다.

가난했던 소년 시절부터 평생 변함이 없었던 포숙아와의 깊은 우정은 '관포지교'라 해서 유명합니다.

제나라의 양공은 포악하고 예의도 없었습니다.

공자 소백과 규는 이것이 못마땅했습니다. 그래서 소백은 포숙아와 함께 거나라로 망명하고, 규는 관중과 소홀과 함께 노나라로 망명했습니다. 그 뒤에 양공이 세상을 떠나자, 소백이 먼저 제나라로 재빨리 돌아가 왕위를 이어 환공이 되었습니다.

한편, 노나라에서는 환공의 형 규를 도와 왕위를 잇게 하려는 계획을 세우고 있었습니다. 그런데 소백이 먼저 왕이 되자 무척 당황했습니다.

이럴 때, 제나라의 강력한 항의로 노나라는 제나라 요구 대로 규를 죽이고, 관중과 소홀은 수레에 실어 제나라로 압송했습니다 그런데 도중에 소홀은 스스로 목숨을 끊고, 관중은 친구 포숙아의 간곡한 권유로 다시 제나라 환공 밑에서 재상으로 벼슬을 하게 되었습니다.

환공이 보면 관중은 적이었습니다. 그래서 용서할 수 없어 받아들일 수가 없었습니다. 그러나 포숙아의 간절한 진언으로 기용되어 나랏일에 참여하게 된 것입니다.

관중은 깊이 감사하는 마음으로 어진 정치를 베풀고 부국강병 정책을 펴서, 백성들 마음을 편하게 하고 강한 군대를 길러 나라를 튼튼히 했습니다. 그런 뒤에 남쪽에서 세력을 떨치던 초나라를 정복하고 환공을 춘추 시대의 모든 제후들의 최고 우두머리로 만들었습니다. 그 결과 환공의 깊은 믿음을 사게 되었습니다.

지은 책으로 알려진 《관자》 86편은 후세 사람들이 고쳐 쓴 것으로 여겨지고 있습니다.

공자公子 지체가 높은 집안의 아들.

압송押送 죄인을 어느 한 곳에서 다른 곳으로 보호해 운반함.

권유勸誘 어떤 일 등을 하도록 권함.

진언進言 윗사람에게 자기의 의견을 말함.

기용起用 인재를 높은 자리에 올려 씀.

올바르고 지혜롭게 사는 길

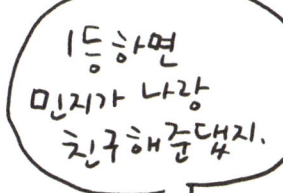

- 남의 아름다움을 도와
- 벗을 사귀는 도리
- 자신이 올바르면
- 군자와 소인의 어울림
- 섬기기는 쉬워도
- 인에 가까워지는 길
- 말과 용기
- 군자이면서 어질지 못한 사람
- 진심으로 아끼고 사랑한다는 것
- 가난하고 부유하면서
- 총명하고 생각이 깊은 사람
- 나를 알아 준다면

논어 수업 » 올바르고 지혜롭게 사는 길

남의 아름다움을 도와

군자는 남의 좋은 점을 도와 이루게 하고,
남의 악한 점을 선도해서 이루지 못하게 하지만,
소인은 이와 반대이다.

君子는 成人之美하고 不成人之惡하나니
군자   성인지미   불성인지악

小人은 反是니라.
소인   반시

《논어》〈안연편〉에 실려 있는 글입니다.

군자와 소인의 몸가짐을 비교해서 밝히고 있습니다.

학식과 덕행이 높아 어질고 마음이 넓은 사람은 남의 좋은 점을 도와 더욱 훌륭하게 이루게 하며, 잘못된 점을 바로잡아 좋은 길로 이끌어 줍니다.

그러나 간사하고 어질지 못해 마음이 좁은 사람은 남의 장점을 헐뜯고 욕을 하고, 단점은 더욱 부채질해 나쁜 길로 이끈다는 뜻입니다.

사람들은 흔히 남 앞에서는 좋게 말하지만, 돌아서면 헐뜯으며 욕을 합니다.

이런 행동을 하는 사람은 자신을 속이며 사는 사람이고, 겉 다르고 속 다른 사람이어서 남의 존경을 받지 못합니다.

 우리도 이 뜻을 마음에 깊이 새겨야 합니다. 그래서 한 친구의 단점을 다른 친구들 앞에서 드러내 놓고 욕하지 말고, 그 친구에게만 충고해서 바른 길로 이끌어 주어야 합니다.

 한자 정리

美 아름다울 미
크고(大) 살찐 양(羊)이라는 뜻이 합해 보기 좋다는 데서 '아름답다'를 뜻함. 양(羊)은 신에게 바치는 희생의 짐승으로서의 양, 미(美)는 신에게 바치는 살찐 양→맛있다→아름답다→훌륭함.

惡 악할 악, 미워할 오
뜻을 나타내는 마음심[心(=忄, 㣺)-마음, 심장]부와 음을 나타내는 아(亞→악)가 합해 이루어짐. 아(亞→악)는 고대 중국 집의 토대나 무덤을 위에서 본 모양, 나중에 곱사등이의 모양으로 잘 못 보아 보기 흉하다→나쁘다의 뜻에 씀. '악하다', '나쁘다', '못생기다', '미워하다'로 쓰임.

 논어 수업 》 올바르고 지혜롭게 사는 길

벗을 사귀는 도리

충고해 이끌어 주어야 하지만,
말을 듣지 않으면 곧 중지하고,
지나친 충고로 자신까지 욕되지 않게 해야 한다.

忠告而善道之하되 不可則止해서 無自辱焉이니라.
충고이선도지   불가즉지   무자욕언

이 글은 《논어》〈안연편〉에 실려 있습니다.

친구는 의리로 맺어지기 때문에, 충고해서 듣지 않으면 그만 두고 또 한 번 충고해도 듣지 않으면 진정한 친구로 사귈 수 없다는 뜻입니다.

우리 속담에 '지성이면 감천'이라는 말이 있습니다. 정성이 지극하면 하늘도 감동하게 된다는 뜻으로, 무슨 일에든 정성을 다하면 아주 어려운 일도 순조롭게 풀려 좋은 결과를 맺는다는 말입니다.

이런 마음으로 친구의 잘못을 보면 마음에서 우러나오는 성의를 다해 충고해서 바로 이끌어 주는 것이 친구를 사귀는 도리입니다. 그러나 간곡하게 충고하면 대부분 받아들이지 않습니다. 아무리 타이르고 충고해도 끝내 듣지 않는다면, 그 친구는 이미 진정한 친구가 아닙니다.

이 글은 바로 친구를 진정으로 사귀어야 하지만, 끝내 잘못되어 가는 친구 때문에 나까지 잘못되어서는 안 된다는 뜻입니다.

 한자 정리

忠 충성 충
뜻을 나타내는 심방변[忄(=心, 㣺)-마음, 심장]부와 음을 나타내는 中(중-충)이 합해 이루어짐.
마음속에서(心) 우러나오는 참된 뜻이라는 '충성'을 뜻함.

告 고할 고, 뵙고 청할 곡, 국문할 국
소(牛)를 제물로 바쳐 놓고 신에게 소원을 말한다는(口) 뜻이 합해 '알리다'를 뜻함.

논어 수업 » 올바르고 지혜롭게 사는 길

자신이 올바르면

자신이 올바르면,

명령을 내리지 않아도 잘 따르고,

자신이 올바르지 않으면,

명령을 내려도 따르지 않는다.

其身이 正이면 不令而行하고
기 신　　정　　　불 령 이 행

其身이 不正이면 雖令不從이니라.
기 신　　부 정　　　수 령 부 종

《논어》〈자로편〉에 실려 있는 글입니다.

'윗물이 맑아야 아랫물도 맑다'는 속담이 있습니다. 윗사람이 잘하면 아랫사람도 따라서 잘하게 된다는 뜻입니다.

이 글도 그런 뜻을 담고 있습니다.

윗사람이 올바르면 아랫사람들도 마음에서 우러나 스스로를 올바르게 하고 자신들의 도리를 다하고 바로 실천하고 따릅니다. 그러나 윗사람이 올바르지 못하면 아무리 엄한 명령을 내려도 아랫사람들은 실천하지도, 따르지

도 않습니다.

  그러므로 윗사람은 올바른 몸가짐과 올곧은 행동을 보여 아랫사람들이 스스로 마음을 움직여 따르게 해야 합니다.

 한자 정리

正 바를 정/정월 정
하나(一) 밖에 없는 길에서 잠시 멈추어서(止) 살핀다는 뜻이 합해 '바르다'를 뜻함. '정월(正月)'로도 쓰임.

令 하여금 령, 하여금 영
일을 시키기 위해 사람들을 모아놓고(스 집) 분부하며 그 사람들은 무릎을 꿇고[절(卩)] 복종한다는 뜻이 합해 '명령하다'를 뜻함. 분부는 입으로 하므로 나중에 명(命)이라 쓰고 합해 '명령'이라는 말이 생겼음.

논어 수업 》 올바르고 지혜롭게 사는 길

군자와 소인의 어울림

군자는 남과 화합하되 뇌동하지 않고,
소인은 뇌동하되 화합하지 않는다.

君子는 和而不同하고 小人은 同而不和니라.
군자   화이부동   소인   동이불화

이 글은 《논어》〈자로편〉에 실려 있습니다.
군자는 정의를 존중하고 일의 도리를 분명하게 합니다.
소인은 사사로운 욕심으로 자기 이득만 취하려고 듭니다.
그래서 군자는 친구를 사귈 때도 자신의 개성이나 주장, 의견 등을 살려 친구들과 서로 잘 어울립니다.
그러나 소인은 내세울만한 개성이나 주장, 의견도 없이 이득에 따라 덩달아 행동해서 친구들과 서로 어울리지 못합니다.

和 화할 화
음을 나타내는 화(禾)와 수확한 벼를 여럿이 나누어 먹는다는(口) 뜻을 합해 '화목하다'를 뜻함.
同 한가지 동
여러 사람(멀경부)의 말(口)이 하나(一)로 모인다는 뜻이 합해 '같다'를 뜻함.

논어 수업 》 올바르고 지혜롭게 사는 길

섬기기는 쉬워도

군자는 섬기기는 쉬워도 기쁘게 하기는 어렵다.
올바른 도로 하지 않으면, 기뻐하지 않고,
사람을 부릴 때, 적제적소에 쓰기 때문이다.
소인은 섬기기는 어려워도 기쁘게 하기는 쉽다.
올바른 도로 하지 않아도 기뻐하고,
사람을 부릴 때, 완전한 능력을 갖추기를
바라기 때문이다.

君子는 易事而難說也니 說之不以道면 不說也요
군자 이사이난열야 열지불이도 불열야

及其使人也하여는 器之니라.
급기사인야 기지

小人은 難事而易說也니 說之雖不以道라도 說也요
소인 난사이이열야 열지수불이도 열야

及其使人也하여는 求備焉이니라.
급기사인야 구비언

《논어》〈자로편〉에 실려 있습니다.

군자는 섬기기는 쉬우나 기뻐하게 하기는 어렵습니다. 군자를 기뻐하게 하는데 정당한 방법으로 하지 않는다면 기뻐하지 않기 때문입니다. 또한 사람을 쓸 때에는 그 사람의 능력을 살펴 그 사람에게 알맞은 일을 주고, 그 일을 잘 할 수 있게 합니다. 소인은 섬기기는 어려우나 기뻐하게 하기는 쉽습니다. 소인을 기뻐하게 하는데 정당한 방법으로 하지 않아도 기뻐하기 때문입니다. 또한 사람을 쓸 때에는 그 사람이 능력을 완벽하게 갖추어, 모든 일을 다 잘 해 주기를 바랍니다.

군자는 자기를 섬기는 사람에게 온갖 것을 다 해 달라고 무리한 요구를 하지 않아서 섬기기가 쉽습니다. 그리고 사리에 맞지 않고 부정한 방법으로 즐겁게 해 주려 한다면, 군자는 결코 받아들이지 않아 기뻐하게 해 주기가 쉽지 않습니다. 그리고 군자가 사람에게 일을 시킬 때에는, 그 사람의 타고난 성품과 소질과 능력 등을 살펴 알맞은 일을 주기 때문에, 일하는 사람에게 결코 무리하지 않고 큰 부담도 주지 않습니다.

그러나 소인은 모두 반대로 합니다.

우리는 어른을 옳고 바른 도리로 섬기고, 친구도 옳고 바른 도리로 사귀어야 합니다.

 한자 정리

及 미칠급
사람의 뒤에 손이 닿음을 나타내며 앞지른 사람을 따라붙는 뜻으로 사물이 미침을 나타냄. 나중에 '미치다', '도달하다'의 뜻으로 쓰임.

罷 그릇기
견(犬-개)은 고대 음식을 만드는 재료로 무덤에 묻히는 일이 많았음. 개고기를 접시 네 개에 쌓은 모습으로 먹을 것을 제각기 덜어 먹는 '접시', '그릇'의 뜻으로 쓰임.

논어 수업 » 올바르고 지혜롭게 사는 길

인에 가까워지는 길

강직하고 의연하며 질박하고 어눌하면,
인에 가깝다.

剛毅木訥이면 近仁이니라.
강 의 목 눌　　　근 인

　이 글은 《논어》〈자로편〉에 실려 있습니다.
　'강직하고 의연하며'라는 말은, 정의를 굳세게 사랑하고 전과 다름없이 한결같아서 의지가 강하고, 욕심이 없어 마음이 흔들리지 않아 옳은 일을 꿋꿋하게 실천한다는 뜻입니다.
　'질박하고 어눌하면'이라는 말은, 꾸밈이 없고 순박하며, 변명하지 않고 말수가 적다는 뜻입니다.
　그러므로 말없이 자신의 옳은 뜻을 굳세게 실천해 나가는 것이 인에 가까워지는 길이라는 뜻입니다. 여기에서 '인'이란 두말할 것도 없이 덕을 갖춘 군자를 뜻합니다.

논어 수업 》 올바르고 지혜롭게 사는 길

말과 용기

덕이 있는 사람은 반드시 들을 만한 말을 하지만,
말이 들을 만하다고 다 덕이 있는 사람이 아니다.
어진 사람은 반드시 용기가 있지만,
용기가 있다고 다 어진 사람은 아니다.

有德者는 必有言이어니와 有言者는 不必有德이니라.
유덕자   필유언   유언자   불필유덕

仁者는 必有勇이어니와 勇者는 不必有仁이니라.
인자   필유용   용자   불필유인

《논어》〈헌문편〉에 실려 있는 글입니다.

높은 덕성을 지닌 훌륭한 사람이 하는 말에는 반드시 좋은 말이 있습니다. 그러나 좋은 말을 한다고 다 높은 인격을 가진 존경할 만한 사람이라고는 할 수 없습니다.

그러나 세상에는 오히려 이 반대인 경우가 적지 않습니다.

지혜롭고, 어질고, 용기를 갖춘 어진 사람이라면 반드시 용기가 있지만, 용기 있는 사람이라고 다 어진 사람은 아닙니다. 악을 바탕으로 한 용기는 강도나 난동을 부리는 사람일 수도 있습니다.

그래서 우리는 말에는 반드시 실천이 따라야 하고, 또한 용기에는 반드시 정의가 따라야만 합니다.

 한자 정리

有 있을 유
뜻을 나타내는 달월(月－초승달)부와 음을 나타내는 글자(우－又의 변형)로 이루어져 '있다', '가지다'의 뜻을 나타냄.

必 반드시 필
팔(八－나눔→필)과 주살익(弋－줄 달린 화살)부가 합해 이루어짐. 땅을 나눌 때 말뚝을 세워 경계를 분명히 해 나눈다는 데서 '반드시'의 뜻으로 쓰임.

勇 날랠 용
뜻을 나타내는 힘력(力－팔의 모양→힘써 일을 하다)부와 음을 나타내는 용(甬－管 속을 뚫고 나가는 일)으로 이루어짐. 힘(力)을 돋우어 날래다는 뜻을 합해 '용감하다'를 뜻함. '날래다'의 뜻으로도 쓰임.

 논어 수업 » 올바르고 지혜롭게 사는 길

군자이면서 어질지 못한 사람

군자이면서 어질지 못한 사람은 있을 수 있지만,
소인이면서 어진 사람은 없다.

君子而不仁者는 有矣夫어니와 未有小人而仁者也니라.
군 자 이 불 인 자   유 의 부   미 유 소 인 이 인 자 야

이 글은 《논어》〈헌문편〉에 실려 있습니다.

군자는 인을 따르고 소인은 사사로운 이익을 탐합니다.

그러므로 군자는 좀더 노력하면 어진 사람, 곧 인자가 될 수 있습니다. 그러나 소인은 아무리 노력을 해도 인자가 될 수 없습니다.

이런 까닭에 어진 사람이 되기 위해서는 먼저 욕심을 버리고, 널리 대중을 사랑하는 넓은 마음을 가져야 합니다.

 한자 정리

夫 지아비 부
일(一)은 여기서 상투의 모양. 대(大)는 사람, 어른, 훌륭한 사람을 나타냄. 부(夫)는 상투를 튼 어엿한 장부(丈夫). 장부란 지금의 성인에 해당하는 말이며, 옛날엔 스무 살이 되면 상투를 틀고 관을 썼음. '사내', '지아비'의 뜻으로도 씀.

논어 수업 » 올바르고 지혜롭게 사는 길

진심으로 아끼고 사랑한다는 것

사랑한다면 고생시키지 않을 수 있겠는가.
진심으로 위한다면
깨우쳐 주지 않을 수 있겠는가.

愛之란 能勿勞乎아. 忠焉이란 能勿誨乎아.
애지　능물로호　　충언　　능물회호

《논어》〈헌문편〉에 실려 있는 글입니다.

진심으로 아끼고 사랑한다는 것은 무조건 주기만 하는 것이 아닙니다.

자식이나 제자를 사랑한다면, 자식이나 제자에게 학문이나 덕을 닦도록 애쓰고 노력하지 않을 수 없습니다. 또한 진심으로 위한다면 자식이나 제자의 잘못을 일깨워 바른 길로 이끌어 주지 않을 수 없다는 뜻입니다.

북송의 소식은,

'사랑하기만 하고 수고롭게 하지 않는다면, 사람 아닌 짐승이 제 새끼를 사랑하는 것에 지나지 않는다.'

라고 했습니다.

진정으로 생각한다면서 가르쳐 인도하지 않으면, 그것은 군주 가까이에 있는 부인이나 환관이 충심을 보이는 것에 지나지 않습니다.

진심으로 사랑해서 그 사람을 수고롭게 만든다면, 그 사랑은 무척 깊습니다.

진정으로 생각해서 그 사람을 깨우칠 수 있다면, 그 충심은 무척 큽니다.

'진심으로 사랑한다는 것'은 무엇일까요?

'진정으로 생각한다는 것'은 무엇일까요?

어느 날 주공이 조카이며 임금인 성왕에게,

"군자는 안일에 빠지면 안 되옵니다. 먼저 농사짓는 것이 얼마나 힘들고 어려운지를 알아야 하나이다. 그런 뒤에 편안하게 쉰다면 그제야 백성들의 고통을 알게 될 것이옵니다."

라고 말해서, 안일에 빠지지 말라고 경계했습니다.

그런 일은 오늘날에도 마찬가지입니다.

부모는 회사와 논밭에서 열심히 일하는데, 그 자식은 부모 힘든 줄 모르고 공부할 생각은 않고 게임에 빠져 있거나, 나쁜 친구들과 어울려 다니거나,

안일安逸 편안하고 한가로움. 또는 편안함만을 누리려는 태도.

편안하고 멋진 것만 찾으면서 제 것만 제일이라면서 예의가 없습니다.

자식을 진정으로 사랑하고 생각한다면 고생의 진정한 뜻을 깨우쳐주어야 합니다.

그러나 자식은 부모가 이렇게 하기 전에 먼저 깨닫고 감사드려야 합니다. 자식인 나를 위해 아버지와 어머니가 고생하면서 힘들게 일하기 때문입니다.

그러니 자식은 어떻게 해야 할까요?

지금 어린 학생인 내가 할 일은 열심히 공부하는 것입니다. 그렇게 해서 나중에 자라서 나라와 사회를 위해 필요한 일꾼이 되는 것입니다. 이것이 학생인 자식이 부모를 사랑하는 여러 가지 일 중에 하나이고, 어린 학생인 내가 해야 할 일 가운데 가장 큰 일입니다.

한자 정리

愛 사랑 애
천천히걸을쇠발(夂 – 천천히 걷다)부와 기운기엄(气 – 구름 기운)부가 합해 이루어짐. 음을 나타내는 천천히걸을쇠발부를 뺀 글자 애(가슴이 가득 차다→남을 사랑하다→아끼다)와 좋아하는 마음에 다가설까 말까 망설이는 마음의 뜻이 합해 '사랑'을 뜻함.

勞 일할 노(로)
뜻을 나타내는 힘력(力 – 팔의 모양→힘써 일을 하다)부와 음을 나타내는 글자 (형→로)의 생략형이 합해 이루어져 '일하다'의 뜻으로 씀.

논어 수업 » 올바르고 지혜롭게 사는 길

가난하고 부유하면서

가난하면서 원망하지 않기는 어렵고
부유하면서 교만하지 않기는 쉽다.

貧而無怨은 難하고 富而無驕는 易하니라.
빈이무원   난   부이무교   이

이 글은 《논어》〈헌문편〉에 실려 있습니다.

사람은 환경에 따라 마음 상태가 달라집니다.

공자는 여기서 그 사실을 바로 보고, 가난하지만 원망하지 말고 부유하지만 교만하지 말라고 했습니다.

그러나 가난한 사람은 근심과 걱정이 가득해서 마음을 편히 갖기가 어렵습니다. 그래서 '가난하면서 원망하지 않기는 어렵고'라 했습니다. 가난한 사람에 비해 부유한 사람은 근심과 걱정이 덜해서 마음을 조종하면 교만을 억누르기 쉽다고 보아야 합니다. 그래서 '부유하면서 교만하지 않기는 쉽다'고 했습니다.

그러나 공자는 부유한 사람이 교만한 기운을 억누르기 쉬운데도 잘못을 범한다고 꾸짖은 것입니다.

한나라 소광은 부자가 남의 어려움을 보고도 모른 체하면 남들의 원망을 살 수밖에 없다고 했습니다. 혼자서만 부를 누리면 남의 원망이 모여든다는 참뜻을 되새겨야 한다고 강조하는 말입니다.

　원망과 교만은 모두 사람이 가져서는 안 되는 것들입니다. 세상 사람들은 흔히 조금만 부유해지면 교만해지고, 조금만 가난해지면 원망합니다.

　그러나 사람은 수양만 하면 부유하면서도 교만하지 않을 수는 있습니다. 그러나 가난해도 편안하게 즐기기란 성인이 아니면 어렵고, 남을 원망하지 않기란 참으로 어렵습니다.

　그렇더라도 남을 원망하기 전에 나 자신을 먼저 탓하고, 자신을 되돌아 살펴볼 필요가 있습니다.

 한자 정리

貧 가난할 빈
뜻을 나타내는 조개패(貝 - 돈, 재물)부와 음을 나타내는 분(分 - 나누는 일)으로 이루어짐. 재산이 나누어져서 적어지다 가난함. '모자라다', '가난하다'의 뜻으로 쓰임.

富 부유할 부
뜻을 나타내는 갓머리(宀 - 집, 집 안)부와 음을 나타내는 글자 복(畐 - 술 단지 → 물건이 가득 차 있다)로 이루어짐. 집에 재산이 가득 있는 일의 뜻으로 '부유하다'로 쓰임.

〈논어 수업 》 올바르고 지혜롭게 사는 길〉

총명하고 생각이 깊은 사람

서서히 스며들 듯이 하는 헐뜯음과,
피부에 와 닿는 하소연이, 통하지 않는다면,
총명하다 할 수 있다.
서서히 스며들 듯이 하는 헐뜯음과,
피부에 와 닿는 하소연이, 통하지 않는다면,
멀리 내다본다고 할 수 있다.

浸潤之譖과 膚受之愬가 不行焉이면 可謂明也已矣니라.
침 윤 지 참　　부 수 지 소　　불 행 언　　가 위 명 야 이 의

浸潤之譖과 膚受之愬가 不行焉이면 可謂遠也已矣니라.
침 윤 지 참　　부 수 지 소　　불 행 언　　가 위 원 야 이 의

《논어》〈안연편〉에 실려 있는 글입니다.

우리 속담에 '사촌이 땅을 사면 배가 아프다'라는 말이 있습니다. 남이 잘되는 것을 기뻐해 주지는 않고 오히려 질투하고 시기하는 경우를 비유해 이르는 말입니다.

사람들은 왜 남이 잘 되는 것을 시기해 헐뜯고 고자질하기를 좋아할까요?

사람들은 왜 남에게 아부하기도 좋아하고, 남이 나에게 아첨하기를 바랄

까요?

그 사람 마음이 옳지 못하기 때문입니다. 수양할 마음도 없고 덕과 행을 쌓을 생각도 없기 때문입니다.

그러나 시기해 헐뜯고 고자질하며, 아부하고 아첨하는 말들을 받아들이지 않으면 총명한 사람이고, 그것을 물리친다면 먼 앞길을 내다보는 생각이 깊은 사람입니다. 그 사람은 마음을 옳게 갖고 수양해 덕과 행을 쌓은 군자다운 사람입니다.

'열 번 찍어 안 넘어가는 나무가 없다'는 우리 속담은 깊이 깨우침을 주는 말입니다.

 한자 정리

浸 잠길 침
뜻을 나타내는 삼수변[氵(=水, 水) – 물]부와 음을 나타내는 동시에 담그다·적시다의 뜻을 나타내는 글자 침으로 이루어짐. 물에 적시다의 뜻. 나중에 배어들다의 뜻. '잠기다'로 씀.

受 받을 수
또우(又-오른손, 또, 다시)부와 조(爪-손), 민갓머리(冖-덮개, 덮다)부 주(舟의 생략형)가 합해 이루어짐. 손에서 손으로 물건을 주고받는 모양. 주는 것도 받는 것도 수(受)였으나 나중에 주다[줄 수(授)]와 받다[받을 수(受)]로 나누어졌음. '받다'로 쓰임.

可 옳을 가, 오랑캐 임금 이름 극
막혔던 말이(口) 튀어나온다는 데서 '옳다', '허락하다'를 뜻함. 나중에 呵(訶-꾸짖다), 哥(歌-노래) 등의 글자가 되는 근본이 됨. 또 나아가 힘드는 것이 나갈 수 있다 → 되다 그래도 좋다 → 옳다를 뜻함. '옳다', '군주의 칭호', '오랑캐 임금 이름' 등으로 씀.

나를 알아준다면

어느 날이었습니다.

일흔 살이 가까운 공자가 경서를 정리하고 있는데, 그 옆에는 자로와 증석, 자유, 자화 등 제자들이 단정하게 앉아 있었습니다.

증석은 바로 증자의 아버지인데, 이름은 점이고, 석은 자입니다.

그리고 자유의 성은 염이고, 이름은 구라 했습니다.

자화의 성은 공서, 이름이 적입니다.

자유와 자화 두 사람은 다 같이 노나라 사람인데, 자유는 공자보다 스물아홉 살 아래였고, 자화는 마흔두 살 아래였습니다.

증석은 조금 떨어진 한쪽에서 비파를 타고 있었습니다.

이윽고 하던 일을 물린 공자가,

"잘들 모였네그려. 그대들은 평소에 늘 입버릇처럼 '세상이 나를 몰라준다'고 말했네. 그런데 만일 그대들을 알아보는 사람이 있어 그대들을 불러 쓴다면 모두 어떤 일들을 하겠는가? 날 스승이라고 어렵게 여길 것 없이, 오늘은 그대들 각자의 포부를 소신껏 털어놔 보게."

라고 말해 분위기를 부드럽게 풀어 주었습니다.

공자의 말이 채 끝나기도 전에, 자로가 벌떡 일어났습니다. 성격은 급하지만 누구보다 용기가 있고, 나라를 다스리는 일인 정사에 밝았습니다.

"저는 큰 제후국을 다스릴 겁니다. 스승님, 그런데 제가 다스리려는 나라는 큰 두 나라 사이에 끼어 늘 침략을 받고 시달려, 온 백성이 두려워 떨고 지냅

포부抱負 마음속에 지니고 있는, 미래에 대한 계획이나 희망.

소신所信 굳게 믿고 있는 바. 또는 생각하는 바.

니다. 게다가 또 가뭄과 홍수로 흉년이 들어 백성들은 굶주림에 시달립니다. 이런 백성들을 가난의 구렁텅이에서 구해 줄 사람이 바로 저인 겁니다. 제가 삼 년만 그 나라를 다스린다면, 백성들은 모두 용감해져서 용기가 넘치고 정의를 사랑해 불의를 쳐부수게 할 수 있을 겁니다."

자유와 자화는 자로의 용기와 큰 포부에 감탄했습니다.

증석은 여전히 비파를 나직하게 타면서 공자의 동정을 살피고 있었습니다.

공자는 뜻있는 표정을 지으며 빙그레 웃었습니다.

"자유, 자네는?"

문학에 밝은 자유가 천천히 일어났습니다.

"스승님, 저는 사방 육칠십 리, 아니 그보다 좀 작은 오륙십 리쯤 되는 곳이라면 다스릴 수 있을 것 같습니다. 만일 제가 삼 년쯤 다스린다면 문학으로 백

동정動靜 일이나 현상이 벌어지고 있는 낌새.

성들의 의식은 풍족하게 될 것입니다. 하지만 제가 예법과 음악에 대해서는 잘 몰라 여기에 밝은 군자에게 부탁해야 할 것입니다."

아주 신중하고 겸손하게 말했습니다.

증석은 여전히 비파를 타고 있었고, 공자는 온화한 표정을 짓고 즐거워할 뿐 이번에는 웃지 않았습니다.

온화溫和 성격, 태도 등이 온순하고 부드러움.

"그래, 이번에는 자화가 말해 보게."

예절과 법도에 밝은 자화가 일어났습니다.

"지금, 제가 말씀드리려는 건 지금 제가 능력이 있어서가 아니라, 앞으로 배워서 할 수 있을 때의 이야기입니다. 종묘에 제사지낼 때나 제후들이 회합을 할 때 예복을 차려입고 옆에서 돕는 일이나 했으면 합니다."

자화는 더욱 겸손한 태도로 말했습니다.

"자, 증석, 이제는 자네 차례일세."

공자는 비파를 타고 있는 증석을 돌아보고 말했습니다.

정신의 반은 비파를 타는 데 있던 증석이 공자의 말에 급히 일어나느라고 밀쳐놓은 비파를 건드려 소리가 나고 말았습니다.

나이로 치면 자로 다음에 말을 해야 했지만 비파를 타느라 맨 마지막에 하게 된 것입니다.

"제 희망은 정치에 관한 것이 아니어서 말씀드리지 않는 게 좋을 것 같습니다."

세 사람이 어리둥절하자, 공자가 입을 열었습니다.

"그렇게 꺼릴것 없네. 모두 자신의 포부를 말해 보는 것뿐이니 말일세."

증석은 그제야 천천히 입을 열었습니다.

"저는 늦은 봄에 새로 지은 봄옷을 꺼내 입고, 몇몇 친구와 젊은이 몇을 데리고 기수에 가 맑은 물에 목욕한 다음에, 무운대에 올라 바람이나 쏘이며 한가로이 거닐다가 시경의 구절이나 읊으면서 돌아왔으면 합니다."

이 말은 군자가 천하를 다스리는 도와 일치되는 말이었습니다.

"그거 참, 좋네그려! 나도 그대처럼 했으면 참 좋겠네!"

공자는 무척이나 기쁜 표정으로 빙그레 웃었습니다.

잠시 후, 세 제자가 물러가고, 증석은 다시 비파를 타고 있었습니다.

공자는 기쁘고 흐뭇해 즐거운 표정이었습니다.

이윽고 증석이 공자의 안색을 살피면서 물었습니다.

"스승님, 물러간 세 사람의 희망을 어떻게 생각하십니까?"

"글쎄, 각자의 포부를 말한 것뿐이니, 내가 무슨 할 말이 있겠나."

그런데 증석은 아까부터 궁금한 것이 있었습니다.

"스승님, 아까 자로의 희망을 들으시고 왜 웃으셨는지 아무리 생각해도 알 수가 없습니다."

"아, 그것 말인가? 나라는 예로 다스리는 법인데, 글쎄 나라를 다스리겠다는 사람이 그렇게 겸손하고 사양하는 티도 내지 않고 말해서 웃은 거라네."

그런데 증석은 또 궁금한 것이 있었습니다. 그것은 자유의 포부가 나라를 맡아 다스린다는 뜻인지, 아니면 한 고을을 맡아 다스린다는 뜻인지 알 수가 없었던 것입니다.

"그런데 스승님, 자유의 희망도 나라를 다스린다는 뜻입니까?"

"큰 나라도 나라이고, 작은 나라도 나라일세. 작은 나라를 잘 다스리면 큰 나라도 능히 잘 다스릴 수 있지 않겠나? 자유는 다만 겸양했을뿐이지……."

기수淇水 중국 하남성 안양시를 서남으로 흐르는 강.

안색顏色 얼굴에 나타나는 표정이나 빛깔.

겸양謙讓 겸손한 태도로 남에게 양보하거나 사양함.

'자화는 예복을 차려입고 옆에서 돕는 일이나 했으면 하는 것이 희망이라 했는데…….'

증석은 망설이다가 궁금해서 또 물었습니다.

"그렇다면 스승님. 자화의 희망도 역시 나라를 다스리겠다는 뜻입니까?"

"아무렴, 그렇지. 종묘는 대대로 이어 내려온 여러 대 임금들 위패를 두는 데 아닌가? 그런 종묘에서 제사를 드리거나, 다른 나라 제후와 회합을 하는 것은 다 군주인 임금이 하는 일이 아닌가? 자화는 겸양한 마음으로 작은 벼슬이나 하겠다고 한 것뿐일세. 자화가 작은 벼슬밖에 못한다면, 세상 천지에 그보다 예절과 법도에 더 밝은 사람이 어디 있어 큰 벼슬을 한단 말인가?"

공자는 자화를 높이 칭찬했습니다.

제후諸侯 봉건 시대에 일정한 영토를 가지고 그 영내의 백성을 지배하는 권력을 가지던 사람.

말을 삼가며 실천하는 길

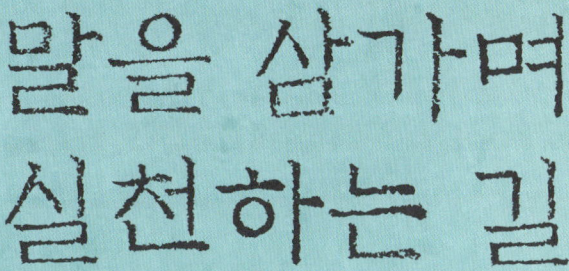

- 의리와 이익
- 부끄러워하지 않으며
- 말보다 행동을
- 품성이 좋아야 좋은 말
- 지혜있는 사람
- 자신을 죽여
- 먼 앞날을 걱정하지 않으면
- 남을 가볍게 꾸짖으면
- 세상에 남는 것
- 말을 잘한다고
- 교묘하게 꾸민 말은
- 공자의 수난

논어 수업 » 말을 삼가며 실천하는 길

의리와 이익

눈앞에 이익을 보면 의리를 생각하고,
나라가 위태로우면 목숨을 바치며,
오래된 약속일지라도
평소에 한 것처럼 잊지 않고 실천한다면,
완성된 사람이라 할 수 있다.

見利思義하며 見危授命하며
견 리 사 의   견 위 수 명

久要不忘平生之言이면 亦可以爲成人矣니라.
구 요 불 망 평 생 지 언   역 가 이 위 성 인 의

이 글은 《논어》〈헌문편〉에 실려 있습니다.

군자는 의리에 밝고, 소인은 이익에 밝다고 했습니다.

인류 역사상에 인격적으로 완성된 사람이란 공자와 같은 성인을 두고 한 말입니다.

보통 사람이 그런 성인이 되지는 못하더라도 의리와 정의를 존중해서 내 자신의 이익을 돌보지 않고, 나라가 위급할 때에는 서슴없이 내 목숨을 내놓고, 또한 오래된 약속도 평생토록 잊지 않고 지킬 수 있다면, 그런 사람이야

말로 인격적으로 완성된 사람에 가깝다고 할 수 있습니다.

대한민국의 자랑스러운 위인 안중근 의사는 1909년 10월 26일 하얼빈 역에서 일제 침략의 우두머리 이토 히로부미를 총으로 쏘아 죽였습니다.

"'위국헌신 군인본분(爲國獻身 軍人本分)' 곧 나라를 위해 몸을 바치는 것은 군인으로서 당연한 본분이다. 나는 대한의군 참모중장 안중근이다."

"견리사의 견위수명(見利思義 見危授命) 이익을 보면 의리를 생각하고, 나라가 위태로우면 목숨을 바쳐라. 나는 대한국인 안중근이다."

안 의사는 독립운동을 하던 시절 늘 자신을 '의군'이라고 강조했습니다.

안중근 의사는 살아 있을 때 말했듯이, 옥중 유묵인 '위국헌신 군인본분'과 '견리사의 견위수명'을 몸과 마음으로 실천한 위인입니다.

본분本分 의무적으로 마땅히 지켜 행해야 할 직분.

의군義軍 외적의 침입을 물리치기 위해 백성들이 자발적으로 조직한 군대.

옥중 유묵獄中遺墨 살아 있을 때 감옥 안에서 남긴 글씨.

한자 정리

見 볼 견, 뵈올 현
안석궤(几–책상)부는 사람, 목(目)은 눈, 견(見)은 눈의 기능 → 보는 일. 나중에 이쪽으로부터 보는 것을 시(視), 저쪽으로부터 나타나 보이는 것을 견(見)으로 나눠 썼음. '보다'의 뜻으로 쓰임.

授 줄 수
손(手)으로 준다는 뜻을 나타내는 재방변[(扌=手)–손]부와 음을 나타내는 수(受–받다)이 합해 '주다'를 뜻함.

命 목숨 명
입구(口–입, 먹다, 말하다)부와 령(令)이 합해 이루어짐. 입(口)으로 뜻을 전한다는 뜻으로, 곧 임금이 명령을 내려 백성을 부린다는 뜻으로 쓰임. '목숨'의 뜻으로 쓰임.

논어 수업 » 말을 삼가며 실천하는 길

부끄러워하지 않으며

자기가 한 말을 부끄러워하지 않으면,
그 말을 실행하기 어렵다.

其言之不怍이면 則爲之也難하니라.
기 언 지 부 작   즉 위 지 야 난

《논어》〈헌문편〉에 실려 있는 글입니다.

실천할 수 없는 말은 하지 마라는 뜻입니다.

위나라의 학자 왕필은,

"감정이 올바를 때 말하면 부끄럽지 않다."

라고 했습니다.

또한 송나라의 유학자 주자는,

"큰소리를 치고도 부끄러워하지 않는다는 것은, 그것을 마음속에 새겨두지 않는다는 뜻이다. 그런데 스스로 능히 할 수 있는지, 할 수 없는지를 생각지도 않고, 그 말을 실천하려 한다면 어찌 어렵지 않겠는가?"

라고 했습니다.

이 세상 모든 일을 말로만 해치운다면, 누구나 언제든지 자신 있게 큰소리 칠 수 있습니다.

그러나 말을 함부로 못하는 것은, 자신의 실천이 그에 따르지 못하는 것을 부끄러워하기 때문입니다.

우리는 말보다도 실천을 앞세워야 하며, 자기 힘으로 이룰 수 없는 일을 함부로 큰소리치지 말아야 합니다.

한자 정리

怍 부끄러워할 작
뜻을 나타내는 심방변[忄(=心, 㣺)-마음, 심장]부와 음을 나타내는 사(乍→작)이 합해 이루어짐. '부끄러워하다'의 뜻으로 쓰임.

難 어려울 난, 우거질 나
진흙 속에 빠진 새가 빠져 나오기 어렵다는 뜻이 합해 '어렵다'를 뜻함. 원래는 새 이름.

논어 수업 » 말을 삼가며 실천하는 길

말보다 행동을

군자는 자신의 말이 행동보다 지나치는 것을 부끄러워한다.

君子는 恥其言而過其行이니라.
군 자 치 기 언 이 과 기 행

이 글은 《논어》〈헌문편〉에 실려 있습니다.

말은 나오기 쉽습니다. 그러나 행동은 옮기기 어렵습니다.

말과 행동이 하나로 딱 들어맞는 언행일치(言行一致)란 참으로 귀한 말입니다. 말을 앞세워 놓고 그것을 실천하지 못한다면 믿음과 의리가 땅에 떨어집니다. 말은 하기 쉽지만 행동과 하나로 딱 들어맞기란 참으로 어렵습니다.

그래서 먼저 행동을 앞세워 일을 실천하는 일이 중요합니다. 말하자면 자기할 일을 해 놓고 떳떳하게 말을 하라는 것입니다.

말이 많으면 입이 가벼운 사람이라고 남에게 손가락질을 받습니다. 말은 조심하면 조심할수록 나쁠 게 하나도 없습니다.

> 논어 수업 » 말을 삼가며 실천하는 길

품성이 좋아야 좋은 말

천리마는 그 힘으로 칭찬받는 것이 아니라
그 덕으로 칭찬받는 것이다.
힘이 세다고 좋은 말이 아니고
품성이 좋아야 좋은 말이다.

驥不稱其力이오 稱其德也니라.
기 불 칭 기 력   칭 기 덕 야

《논어》〈헌문편〉에 실려 있는 글입니다.

'기(驥)'란 하루에 천 리를 빠르게 잘 달린다는 말로, 천리마(千里馬)를 이르는 말입니다.

천리마는 하룻밤에 천 리를 달릴 수 있어 좋은 말이 아니라, 품성이 좋고 주인 말을 가장 잘 알아듣고, 주인이 하자는 대로 잘 따라서 좋은 말로 손꼽습니다.

힘과 몸집이 좋고 하룻밤에 천 리를 달릴 수 있는 말이 천리마가 아니라, 주인이 휘파람을 불면 어디서든지 달려와 주인을 태우는 말이 천리마입니다.

회사에서 신입 사원을 뽑을 때, 주어진 일에 대한 성실과 믿음이 있는지 없는지를 맨 먼저 평가합니다. 이것을 군대에서는 '충성심'이라고도 합니다. 모두 같은 말입니다.

  이와 마찬가지로 사람은 재주만 가지고 칭찬을 받거나 존경을 받는 것이 아니라, 착하고 의롭고 어진 덕행이 높아야 존경을 받는 것입니다.

 한자 정리

稱 일컬을 칭/저울 칭
뜻을 나타내는 벼화(禾-곡식)부와 음을 나타내는 동시에 일컫다의 뜻을 나타내는 글자 칭(爯)으로 이루어짐. 화(禾-벼)의 수효를 소리 내어 세다의 뜻. '일컫다', '저울'의 뜻으로 씀.

力 힘 력/역
팔에 힘을 주었을 때 근육이 불거진 모양, 농기구 가운데 가래의 모양. 나중에 '힘', '일하다'의 뜻으로 쓰임.

> 논어 수업 》 말을 삼가며 실천하는 길

지혜 있는 사람

더불어 말할 만한 사람인데

그와 말을 하지 않으면, 사람을 잃고,

더불어 말 할만한 사람이 안 되는 데도 말을 하면,

말을 잃고,

지혜로운 사람은 사람도 잃지 않고,

또한 말도 잃지 않는다.

可與言而不與之言이면 失人이오
가 여 언 이 불 여 지 언　　실 인

不可與言而與之言이면 失言이니
불 가 여 언 이 여 지 언　　실 언

知者는 不失人하며 亦不失言이니라
지 자　불 실 인　　역 불 실 언

이 글은 《논어》〈위령공편〉에 실려 있습니다.

사람이 사람을 얻는다는 것은 참으로 중요한 일입니다.

윗사람은 아랫사람을 잘 얻어야 하고, 아랫사람은 윗사람을 잘 만나야 한다는 것은 두말할 것도 없습니다. 윗사람이 아랫사람을 잘못 얻으면 골칫거리가 되고, 아랫사람이 윗사람을 잘못 만나면 평생 고생만 합니다.

　진정한 친구를 얻고, 어진 남편을 만나며, 착한 아내를 만나고, 훌륭한 스승을 만나는 것이 그렇습니다.

　그런데 우리는 너무나 많은 사람들을 잃고 있는 것이 아닌지, 곰곰이 생각해야 합니다.

　사람을 잃는다는 것은 곧 말을 잃는 것이고, 그것은 곧 자신까지 잃는 것입니다. 또한 더불어 말할 수 없이 타락한 사람에게도 좋은 말로 타이르고 경계해서 그 사람이 훌륭한 일을 하게 이끌고, 옳은 길로 나아가게 이끈다면 그 이상 값진 말은 없을 것입니다.

한자 정리

失 잃을 실, 놓을 일
뜻을 나타내는 재방변[扌(=手)-손]부와 음을 나타내는 을(乙→실)로 이루어짐. 손에서 물건이 떨어져 나가다의 뜻. 나중에 잃다의 뜻. 또는 손발을 움직여 춤을 추다가 감각을 잃어버린 멍한 상태를 본뜬 글자라고도 함. '잃다', '놓다'의 뜻으로 쓰임.

者 놈 자
로(耂)와 백(白)이 합해 이루어짐. 나이 드신 어른(耂)이 아랫사람에게 낮추어 말한다(白)는 뜻을 합해 말하는 대상을 가리켜 '사람', '놈'을 뜻함.

논어 수업 » 말을 삼가며 실천하는 길

자신을 죽여

뜻이 있는 선비와 어진사람은,
자신이 살기 위해 인을 해치지는 않고,
자신을 죽여 인을 이룬다.

志士仁人은 無求生以害仁이오 有殺身以成仁이니라.
지 사 인 인   무 구 생 이 해 인   유 살 신 이 성 인

《논어》〈위령공편〉에 실려 있는 글입니다.

사람이란 어렵고 급한 처지에 이르면 마음이 흔들리고, 옳지 못한 일을 저질러 자신을 망치기 쉽습니다.

그러나 지조가 높고 절개가 굳은 사람은 생명을 아껴 불의를 저지르는 일이 없고, 오히려 정의를 위해 자신의 목숨까지 내놓습니다.

우리 역사를 통해 보더라도 일제 강점기 때 안중근 의사나 유관순 열사처럼 내 몸을 희생시켜 민족의 원한을 풀고, 또한 나라의 정신을 살리고 나라를 구한 위인들이 많습니다.

그런가 하면 나만 살기 위해 불의를 저지르거나 나라를 팔아먹은 이완용 같은 사람도 있습니다.

지조志操 원칙과 신념을 굽히지 아니하고 끝까지 지켜 나가는 꿋꿋한 의지. 또는 그런 기개.

절개節槪/節介 신념, 신의 따위를 굽히지 아니하고 굳게 지키는 꿋꿋한 태도.

211

우리는 마땅히 수양을 쌓아 '살신성인(殺身成仁)', 곧 내 몸을 희생시켜 인을 이루어 역사에 길이 그 이름을 빛내야 할 것입니다.

 한자 정리

生 날 생
풀이나 나무가 싹트는 모양 → 생기다 → 태어나다 → 만듦. '나다'의 뜻으로 쓰임.

殺 죽일 살
뜻을 나타내는 갖은등글월문(殳-치다, 날 없는 창)부와 음을 나타내는 글자 살(殺)이 합해 이루어짐. 살(殺-나무와 풀을 베다)와 때려잡는다는[수(殳)-부수 글자] 뜻이 합해 '죽이다'를 뜻함.

논어 수업 » 말을 삼가며 실천하는 길

먼 앞날을 걱정하지 않으면

사람이 먼 앞날을 걱정하지 않으면,
반드시 가까운 시일에 근심이 생긴다.

人無遠慮면 必有近憂니라.
인 무 원 려   필 유 근 우

이 글은 《논어》〈위령공편〉에 실려 있습니다.

사람이란 먼 앞날을 내다보고 살아야 합니다. 그리고 장래에 대한 계획도 세우고 준비도 해야 합니다.

그렇지 않고 그날그날 눈앞에 다가오는 이익만 탐하고 좇다 보면 반드시 멀지 않아 근심이나 걱정이 되는 해로운 일과 맞부딪치게 됩니다.

'유비무환(有備無患)', 곧 미리 준비가 되어 있으면 걱정할 것이 없다는 뜻입니다.

유비무환!

우리 앞날에 좋은 교훈이 되는 말입니다.

논어 수업 » 말을 삼가며 실천하는 길

남을 가볍게 꾸짖으면

자신은 엄하게 꾸짖고, 남을 가볍게 꾸짖으면,
남의 원망하는 소리를 멀리할 수 있다.

躬自厚하며 而薄責於人이면 則遠怨矣니라.
궁 자 후   이 박 책 어 인   즉 원 원 의

《논어》〈위령공편〉에 실려있는 글입니다.

대부분 사람들은 자기 잘못에 대해서는 너그러우면서 남의 잘못에 대해서는 심하게 꾸짖습니다. 그러나 수양을 쌓아 교양이 갖추어진 사람은 자기 자신의 잘못에는 엄하게 반성하고, 남의 잘못은 너그럽게 용서합니다.

남을 심하게 다루면 원망을 사게 됩니다. 그래서 우리는 남을 너그럽게 용서하고 덕을 베풀어 주어 마음으로부터 따르게 해야 합니다.

躬 몸 궁
뜻을 나타내는 몸신(身-몸, 아이를 배다)부와 음을 나타내는 궁(弓)의 뜻이 합해 '몸'을 뜻함.

厚 두터울 후
뜻을 나타내는 민엄호(厂-굴바위, 언덕)부와 음을 나타내는 글자 후(㫗)로 이루어짐. 산이 두텁게 겹쳐 있는 뜻. 또 흙을 쌓아 올리거나 제사 음식을 수북하게 담는다는 뜻에서 융숭한 마음이라는 뜻도 나타냄. '두텁다', '후하다'의 뜻으로 쓰임.

논어 수업 》 말을 삼가며 실천하는 길

세상에 남는 것

군자는 죽은 뒤에
이름이 칭송되지 않을까 걱정한다.

君子는 疾沒世而名不稱焉이니라.
군자   질 몰 세 이 명 불 칭 언

이 글은 《논어》〈위령공편〉에 실려 있습니다.

사람이 죽으면 살아남은 사람들이 죽은 사람을 평가합니다. 그 평가야 어떻든 결국 사람은 가고 이름만 남습니다. 살아 있을 때 덕행을 쌓았으면 아름다운 이름이 남고, 악행을 쌓았으면 더러운 이름이 남을 것입니다. 아름다운 이름이 남지 않는다면 일생 동안 좋은 일을 하지 못했기 때문입니다.

그래서 산다는 것은 아름다운 이름을 남기기 위한 노력이며 준비인 것입니다. '사람은 죽으면 이름을 남기고 범은 죽으면 가죽을 남긴다'는 속담이 있습니다. 사람에게 가장 중요한 것은 살아 있을 때 좋고도 보람 있는 일을 해놓아 후세에 명예를 떨치는 것이라고 비유적으로 이르는 말입니다.

'예술은 길고 인생은 짧다'고 하듯이 귀한 시간을 아껴 힘써 노력해야 합니다.

논어 수업 » 말을 삼가며 실천하는 길

말을 잘한다고

군자는 말을 잘한다고 그 사람을 들어 쓰지 않고,
사람이 나쁘다고 해서 그 사람의 좋은 말을
버리지 않는다.

君子는 不以言擧人하며 不以人廢言이니라.
군 자   불 이 언 거 인   불 이 인 폐 언

《논어》〈위령공편〉에 실려 있는 글입니다.

말을 훌륭하게 잘한다고 해서 사람됨을 살피지 않고 사람을 쓰지 않으며, 사람됨이 모자란다고 해서 그 옳은 말까지 버리지 않는다는 뜻입니다.

말하자면 학식과 덕행이 높은 사람은 사리를 분명하게 가려서 옳고 바르게 행동하고 처리한다는 뜻입니다.

한자 정리

廢 폐할 폐/버릴 폐
뜻을 나타내는 엄호(广 – 집)부와 음을 나타내는 동시에 깨어지다, 찢어지다의 뜻을 가지는 발(發)로 이루어짐. 망그러진 집의 뜻. 나중에 쓸모없게 되다의 뜻. '폐하다', '버리다'의 뜻으로 씀.

논어 수업 » 말을 삼가며 실천하는 길

교묘하게 꾸민 말은

교묘하게 꾸민 말은 덕을 어지럽히고,
작은 일을 참지 못하면, 큰 계획을 그르친다.

巧言은 亂德이오 小不忍이면 則亂大謀니라.
교언   난덕   소불인   즉난대모

이 글은《논어》〈위령공편〉에 실려 있습니다.

사람이 말과 행동이 한결같지 않으면 이중인격자가 됩니다. 말이나 행동을 교묘하게 꾸미면 참되고 거짓됨을 분간하기가 힘들고, 옳고 그름을 가리기가 힘듭니다. 이것은 사회의 도덕을 어지럽히는 일이고 자신의 덕행을 잃을 뿐만 아니라 남에게 피해를 입히고 끝내는 자기 자신을 망치는 일입니다.

그리고 작은 괴로움이나 분함을 참아 내고 이겨 내지 않으면 큰일을 이룰 수 없습니다.

사람은 진실해야 하고 참을성과 꺾이지 않는 굳은 의지를 가져야 합니다.

공자의 수난

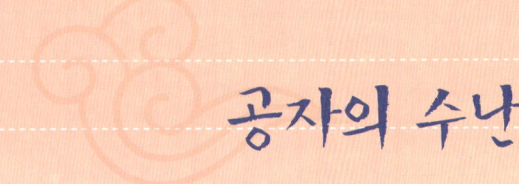

공자가 노나라 대사구로 있을 때였습니다. 대사구는 형조 판서를 달리 이르던 말로, 주나라 때 형법과 법으로 금지하는 일 등을 맡아보던 추관의 벼슬 이름에서 유래합니다.

여러 가지 문물제도를 갖추어 어진 정치를 베풀고 잘 다스려 나라가 크게 발전했습니다.

이렇게 되자 이웃 제나라에서는 크게 위협을 느끼지 않을 수 없었습니다.

그래서 제나라에서는 미녀 80명으로 구성한 여악단과 값진 예물을 보내 노나라의 질서를 무너뜨리고 정치를 어지럽히려고 미인계를 썼습니다.

그러나 노나라의 임금 정공과 대부 계환자는 이런 흉계가 있는 것도 모르고, 이 달갑지 않은 여악단과 예물을 받아들였습니다.

이렇게 해서 정공은 홀림에 빠져 3일 동안이나 나랏일을 밀어놓고 조정에 나오지 않았습니다.

그러자 공자는 임금 정공에게 여악단과 예물을 물리치고 나랏일을 바로잡아야 한다고 간절하게 말했습니다. 그러나 정공은 받아들이지 않았고, 오히려 공자의 충간을 못마땅하게 여겼습니다.

이렇게 임금이 나랏일을 그릇되게 하자, 공자는 마침내 벼슬을 내놓고 천하를 두루 살피기 위해 여행길에 올랐습니다. 여러 나라 임금을 설득해 도의 정치를 실현시키려고 여행을 떠났던 것입니다.

이때 공자의 나이는 쉰다섯 살이었습니다.

미인계美人計 예쁜 여성을 이용해 사람을 꾀는 계략.

흉계凶計/兇計 흉악한 계략.

달갑다 거리낌이나 불만이 없어 마음이 흡족하다.

충간忠諫 충성스러운 마음으로 윗사람의 잘못을 고치도록 말함.

그러나 공자는 끝내 그 뜻을 이루지 못하고 예순여덟 살이 되던 해, 기원전 484년에 다시 노나라로 돌아왔습니다. 약 14년에 걸친 기나긴 유랑 생활이었습니다.

유랑 생활을 하던 공자가 제자들과 함께 위나라 광성을 지날 때였습니다.
이때, 한 무리가 공자 일행을 막고 위협했습니다. 그러자 자로가 창을 들고 나섰습니다. 이 광경을 지켜보던 공자가 급히 자로를 말리며,
"자로, 멈추게. 저들 기세를 보니, 틀림없이 우리를 그 누군가로 잘못 알고 덤비는 것 같네. 잠시 마음에 여유를 가지고 생각할 시간을 주는 것이 좋겠네. 그러니 자네는 창을 거두고 어서 노래를 부르게."
하고 말하자, 자로는 할 수 없이 들고 있던 창을 거두고 천연덕스럽게 노래를 불렀습니다. 그러자 공자도 태연하게 그 노래를 따라 불렀습니다.
그때, 저 앞에 진을 친 무리 속에서 누군가가 소리쳤습니다.

"그대들은 바로 노나라 양호의 무리가 아닌가? 그렇다면 결코 용서할 수 없다. 여길 통과시키지 않겠다!"

이 소리를 들은 자로는 그제야 공자의 판단이 옳았음을 알고, 무리 앞으로 나아가 큰 소리로 말했습니다.

"아니, 그게 무슨 소리요? 우리는 공자님의 제자들인데, 스승님을 모시고 천하를 두루 살피러 다니는 중이오."

그 소리를 듣고 무리를 이룬 사람들은 놀란 얼굴로,

"아니, 뭐라!"

"이 이럴 수가……."

라고 수군거리며 당황하는 눈치였습니다. 그러면서 서로 무엇인가를 의논하더니 잠시 뒤, 공자 앞으로 몰려나와 공손하게 고개를 숙였습니다.

"저희가 그만 오해해서 성인을 몰라 뵙고 큰 실례를 범했습니다. 부디 저희를 용서해 주십시오……."

몰려온 사람들은 이렇게 말하며 정중하게 사과하고 물러갔습니다.

양호는 바로 지난날 노나라 대부 계손을 섬기던 사람이었습니다. 양호는 정공이 왕위에 오른 해에 계손의 힘을 믿고 난동을 일으켜 한때 나라의 정치를 제 마음대로 한 못된 사람이었습니다. 이곳 관성에서도 권세를 이용해 폭행을 휘둘렀던 것입니다. 그 가운데 공자의 제자 안각도 함께 폭행을 저질렀습니다.

그런데 지금 안각이 다시 관성에 나타났을 뿐만 아니라, 뜻하지 않게 공자의 모습이 양호와 비슷해서 광성 사람들이 그만 오해를 했던 것입니다.

봉변을 당했던 공자 일행이 잠시 숨을 돌렸을 때였습니다.

일행에서 뒤쳐졌던 안회가 그제야 헐레벌떡 달려왔습니다.

정중鄭重 태도나 분위기가 점잖고 엄숙함.

안회를 본 공자가,

"안회, 나는 자네가 죽은 줄로만 알았는데, 이렇게 살아 있으니 정말 반갑네, 반가워!"

하며 기뻐했습니다.

공자는 말은 안했지만 성난 무리가 앞을 막아섰을 때, 그 아슬아슬한 순간에도 자신은 돌보지 않고 수제자 안회를 걱정해 찾았습니다. 그러나 아무리 찾아도 보이지 않아 무리에게 잡혀 죽은 줄로 알고 슬퍼했습니다. 그런데 이렇게 멀쩡하게 살아 눈앞에 있으니 어찌 반갑지 않겠습니까.

공자의 말을 듣고 공손하게 머리를 숙인 안회가,

"스승님께서 살아 계신데 제가 어찌 감히 먼저 죽겠습니까."

라고 대답했습니다.

안회는 이렇게 갸륵한 말을 남겼지만, 얼마 뒤에 공자보다 먼저 세상을 떠나고 말았습니다. 그래서 공자는 큰 슬픔을 안고 길게 한탄했습니다.

행장을 다시 챙긴 공자는 광성을 떠나며 제자들에게 말했습니다.

"우리 주나라의 기초를 닦으신 문왕께서는 이미 돌아가셨지만, 그 문화가 여기 남아 있지 않은가! 하늘이 장차 그 문화를 없애려 하셨다면, 문왕의 후세 사람이 나를 그 문화에 관여하지 못하게 하셨을 걸세. 하지만 하늘이 그 문화를 없애지 않으시고 보존해 주셨으니, 광성 사람들이 나를 어찌할 수 있겠는가!"

공자는 이때 이미 고대 문물제도가 자신의 한 몸에 달려 있다는 것과 이는 하늘이 내려준 사명이라는 것을 잘 알고 있었습니다.

공자는 천하를 두루 돌아다니는 여러 해 동안 이 같은 고난과 수많은 봉변을

행장行裝 여행할 때 쓰는 물건과 차림.

봉변逢變 뜻밖의 변이나 망신스러운 일을 당함.

당했습니다.

심지어 송나라에서는 공자를 시기한 사마환퇴가 해치려 하는 등 위험한 고비가 여러 번 있었습니다. 그 가운데에서도 가장 심한 고생을 진나라와 채나라 국경에서 겪었습니다.

오나라 군대가 진나라에 침입해 들어와 전쟁이 한창일 때였습니다.

공자가 제자들을 데리고 전쟁을 피해 채나라로 가던 중이었습니다. 국경 근처에서 길이 막혀 일행은 그만 꼼짝도 못하게 되었습니다. 먹을 것이 떨어지고 7일 동안이나 굶어 배고파 쓰러진 제자들은 일어나지도 못했습니다.

그러나 공자는 태연하게 나무 밑에서 비파를 타며 노래를 불렀습니다.

그때 성격이 급하고 괄괄한 자로는 더 이상 참을 수가 없어 공자에게로 달려갔습니다.

"스승님, 군자도 이렇게 어려운 일을 당한답니까?"

자로는 이렇게 대뜸 불평을 털어놓았습니다. 그러자 공자의 대답은 너무나도 천연스럽고 부드러웠습니다.

"암, 그렇고말고. 그러나 군자는 당한 그 어려움을 참고 이겨 내지만, 소인은 그것을 참지 못하고 잘못을 저지르고 만다네……."

이 차분하고 너그러운 공자의 말에 자로는 저절로 고개를 숙이고 말았습니다.

그런데 하늘이 무너져도 솟아날 구멍은 있었습니다.

공자 일행이 모진 고생을 하고 있을 때, 드디어 초나라에서 원병이 와서 진나라를 도와 겨우 위기에서 벗어날 수 있었던 것입니다.

원병援兵 전투에서 자기편을 도와주는 군대.

그 뒤, 자로는 보기에도 딱할 정도로 사람이 달라졌습니다.

그 급한 성질도 꾹꾹 눌러 참았고, 남보다 먼저 나서지도 않았으며, 해야 할 말도 좀처럼 하지 않았습니다.

자로는 자신이 공자에게 크게 잘못했다는 것을 깨달아 뉘우치고 스스로 몸가짐과 말이나 행동을 조심하는 것이 분명했습니다.

그러던 어느 날이었습니다. 자로는 우연하게 공자와 마주앉게 되었습니다.

공자는 이때를 기다리고 있었다는 듯이 은근한 눈빛으로 자로를 바라보았습니다. 그리고,

"자로, 덕을 알아주는 사람은 드물다네."

하며 나직하고 부드러운 목소리로 자로를 위로했습니다. 이 말을 듣는 순간, 몸가짐과 말이나 행동을 조심하면서 실의에 빠진 자로는 또 한 번 고개를 숙이고 공자의 따뜻한 정에 감격의 눈물을 삼켰습니다.

실의失意 뜻이나 의욕을 잃음.

공자는 제자들이 잘못할 때는 무섭고도 호되게 꾸짖었습니다. 그러나 공자는 언제나 제자들에게 스승으로서 고루 큰 사랑을 베풀었습니다.

널리 대중을 사랑한다는 것은 곧 공자의 근본사상이었습니다.

예나 지금이나 사람들은 현실적인 권력이나 금력 앞에서는 눈치도 빠르고 행동도 재빠릅니다. 그러나 현실적이지 못한 덕이나 인격에 대해서는 별로 매력을 느끼지 않고, 관심도 가지지 않습니다.

금력金力 돈의 힘. 또는 금전의 위력.

참으로 안타까운 일이 아닐 수 없습니다.

삼우, 삼요, 삼건 그리고…

- 이로운 벗과 해로운 벗
- 이로운 즐거움과 해로운 즐거움
- 선한 일을 보면
- 군자가 두려워해야 할 세 가지
- 군자가 생각해야 할 아홉 가지 일
- 여섯 가지 덕목
- 대장부와 졸장부
- 세상에 나서려면

 논어 수업 》삼우, 삼요, 삼건 그리고…

이로운 벗과 해로운 벗

유익한 벗이 셋이 있고
해로운 벗이 셋이 있다.
정직한 사람을 벗으로 사귀고,
어질고 신의 있는 사람을 벗으로 사귀며,
견문이 넓어 박학다식한 사람을
벗으로 사귀면 유익하고,
편벽한 사람을 벗으로 사귀고,
아첨 잘하는 사람을 벗으로 사귀며,
거짓말 잘하는 사람을 벗으로 사귀면 해롭다.

益者三友요 損者三友니 友直하며 友諒하며
익자삼우　　손자삼우　　우직　　　우량

友多聞이면 益矣요
우다문　　　익의

友便辟하며 友善柔하며 友便佞이면 損矣니라.
우편벽　　　우선유　　　우편녕　　　손의

《논어》〈계씨편〉에 실려 있는 글입니다.

나에게 유익하고 도움을 주는 친구 셋은, 우직과 우량과 우다문입니다.

정직한 사람을 친구로 사귀면 내 잘못을 일러주어 고칠 수 있고,

어질고 신의 있는 사람을 친구로 사귀면 나를 성실한 곳으로 이끌어 주며,

견문이 넓어 박학다식한 사람, 곧 아는 것이 많은 사람을 친구로 사귀면 내 지식을 넓혀 주기 때문에 이런 친구들은 모두 나에게 도움을 주는 친구입니다.

나에게 해가 되는 친구 셋은, 우편벽과 우선유와 우편녕입니다.

겉치장만 잘하고 정직하지 못한 사람과 아첨 잘하는 사람과 거짓말 잘하는 사람을 친구로 사귀면 해롭습니다. 이런 사람들과 사귀면 나 자신이 점점 나쁜 물이 들어 바른 길에서 점점 멀어지기 때문입니다.

친구를 사귀는 일, 또한 함께 할 사람을 고르는 일이 얼마나 중요한 것인지를 일깨워 줍니다.

 한자 정리

友 벗 우
또우(又－오른손, 또, 다시)부가 겹쳐 쓰여 이루어짐. 우(又)가 음을 나타내기도 하며 친한 친구끼리 왼손(부수를 제외한 글자)과 오른손(又)을 서로 맞잡고 웃으며 친하게 지낸다 해서 '벗'을 뜻함. 동족의 친구를 붕(朋)이라는데 대해 관리 친구를 우(友)라 했지만, 나중에 붕(朋)도, 우(友)도 친구를 뜻함. 사이좋게 하는 일의 뜻으로 쓰임.

諒 살펴 알 량(양)/믿을 량(양)
뜻을 나타내는 말씀언(言－말하다)부와 음을 나타내는 동시에 공손하다는 뜻을 나타내기 위한 경(京→량)으로 이루어짐. 공손한 말의 뜻. 나중에 성실의 뜻으로 쓰임. '살펴 알다', '믿다'의 뜻으로 쓰임.

辟 피할 피, 임금 벽, 비유할 비, 그칠 미
신(辛)과 신(辛)을 제외한 글자가 합해 이루어짐. '피하다'의 뜻으로 씀. '임금', '비유하다', '그치다'의 뜻으로도 쓰임.

논어 수업 》 삼우, 삼요, 삼건 그리고…

이로운 즐거움과 해로운 즐거움

이로운 즐거움이 셋이 있고
해로운 즐거움이 셋이 있다.
예악을 알맞게 지키기를 좋아하고,
남의 선함을 말하기를 좋아하며,
어진 벗이 많은 것을 좋아하면 이롭다.
교만하게 즐기기를 좋아하고,
편안하게 놀기를 좋아하며,
잔치를 즐기기 좋아하면 해롭다.

益者三樂요 損者三樂니 樂節禮樂하며
익자삼요　　손자삼요　　요절예악

樂道人之善하며 樂多賢友면 益矣요
요도인지선　　　요다현우　　익의

樂驕樂하며 樂佚遊하며 樂宴樂이면 損矣니라.
요교락　　　요일유　　　요연락　　　손의

이 글은 《논어》〈계씨편〉에 실려 있습니다.

사람들이 좋아하는 것에는 이롭고 유익하며 도움을 주는 것도 있고, 해로운 것도 있습니다. 그러므로 이롭고 유익하며 도움을 주는 것에는 힘쓰고, 해로운 것은 삼가서 하지 않도록 노력해야 합니다.

사람의 마음이란 그대로 두면, 부지런히 노력하고 힘쓰는 것보다는 느려지고 게을러지며, 알맞게 조절하는 것보다 나쁜 놀이나 컴퓨터 게임에 빠져 공부와 담을 쌓기 쉬우며, 나를 수양하기보다 편하고 한가롭고 즐겁게 누리기를 좋아하게 됩니다. 그러므로 늘 자기 자신이 마음의 주인이 되어 이를 다루고 조절해 올바른 길로 이끌어 나가야 합니다.

 한자 정리

益 더할 익, 넘칠 일
물수[水(氵, 水)-물]부와 명(皿)이 합해 이루어짐. 그릇 위로 물이 넘치고 있는 모양. 넘침의 뜻에서 더함의 뜻이 됨. '더하다', '넘치다'의 뜻으로 씀.

 논어 수업 » 삼우, 삼요, 삼건 그리고…

선한 일을 보면

선한 일을 보면 따라가지 못할 것같이 하고,
악한 일을 보면 끓는 물에 손이 닿은 것같이
해야 한다.

見善如不及하며 見不善如探湯하라.
견 선 여 불 급　　　견 불 선 여 탐 탕

《논어》〈계씨편〉에 실려 있는 글입니다.

'옳은 일은 보는 대로 부지런히 실천하고, 악한 일을 보면 빨리 손을 떼라.'

참으로 좋은 가르침입니다. 이 말은 '권선징악', 곧 착한 일을 권해서 장려하고 악한 일을 벌한다는 말입니다.

악한 일인 것을 알고 손을 떼지 않으면 나를 스스로 망치게 됩니다.

 한자 정리

探 찾을 탐
뜻을 나타내는 재방변[(扌=手)-손(손의 동작)]부와 음을 나타내는 미[罙탐(속 깊이 사람이 들어가는 모양)]가 합해, 속 깊이 들어가 물건을 찾는 일을 뜻함. '찾다'의 뜻.

논어 수업 » 삼우, 삼요, 삼외 그리고…

군자가 두려워해야 할 일 세 가지

군자가 두려워할 일이 세 가지 있다.
천명을 두려워하고, 큰 인물을 두려워하며,
성인의 말을 두려워해야 한다.
소인은 천명을 알지 못해 두려워하지 않고,
큰 인물을 두려워하지 않으며,
성인의 말을 두려워하지 않는다.

君子는 有三畏하니 畏天命하며 畏大人하며 畏聖人之言이니라.
군자   유삼외   외천명   외대인   외성인지언

小人은 不知天命而不畏也하며 狎大人하며 侮聖人之言이니라.
소인   부지천명이불외야   압대인   모성인지언

《논어》〈계시편〉에 실려 있는 글입니다.

군자가 두려워할 일이 세 가지 있다.

천명을 두려워하고, 큰 인물을 두려워하며, 성인의 말씀을 두려워해야 한다.

그러나 소인은 천명을 알지 못해 두려워하지 않고, 큰 인물을 존경하지 않으며, 성인의 말씀을 업신여깁니다.

수양을 쌓은 사람은 정의를 존중하고 자신에게 주어진 일을 조심스럽게

실천해 나갑니다. 그래서 나라나 민족의 지도자를 마음으로부터 공경하고, 성현들의 교훈을 받들어 마음에 새깁니다.

그러나 소인은 간사하기 때문에 개인의 이익과 욕심에 눈이 어두워서 자신에게 주어진 사명도 모르고 지식이 많거나 학덕이 높은 사람을 존경하지 않습니다. 또한 성현의 말씀도 마음에 새기지 않고 함부로 행동합니다.

 한자 정리

聖 성인 성
뜻을 나타내는 귀이(耳-귀)부와 음을 나타내는 정(呈→성)이 합해 이루어짐. 정(呈→성)은 가리켜 보다, 또 정(壬-바로 나가다)이나 정(程-근거)의 뜻과 통함. 귀가 잘 들리다 → 뭐든지 다 알고 있는 사람, 곧 '성인'을 일컬음.

논어 수업 》 삼우, 삼요, 삼건 그리고…

군자가 생각해야 할 아홉 가지 일

군자가 생각해야 할 아홉 가지 일이 있다.

볼 때는 명백히 보기를 생각하고,

들을 때는 총명하게 듣기를 생각하며,

표정은 부드럽게 하기를 생각하고,

태도는 공손하게 하기를 생각하며,

말은 성실하게 하기를 생각하고,

일에는 신중하기를 생각하며,

의심나는 것은 묻기를 생각하고,

화가 날 때는 어려움을 당할 것을 생각하며,

이득을 보면 의로운가를 생각해야 한다.

君子有九思하니 視思明하며 聽思聰하며 色思溫하며 貌思恭하며
군자유구사   시사명   청사총   색사온   모사공

言思忠하며 事思敬하며 疑思問하며 忿思難하며 見得思義니라.
언사충   사사경   의사문   분사난   견득사의

《논어》〈계씨편〉에 실려 있는 글입니다.

사람은 말이나 행동을 할 때 신중하고 침착하게 해야 한다는 것입니다.

보는 것, 듣는 것은 분명하고 확실하게 해서 그 속뜻까지 알아내고, 표정과 태도는 부드럽고 공손함을 잃지 않도록 애쓰며, 말은 성실하고 일은 신중하게 하고, 모르는 것은 꼭 물어서 분명히 알아야 합니다.

그리고 순간적인 흥분을 가라앉히지 못하고 과격한 행동으로 나간다면 반드시 뒤에 후회할 일이 생깁니다. 이럴 때는 마음을 가라앉히고 다시 한번 침착하게 생각해야 합니다.

또한 눈앞에 이득이 있으면 그것이 정당한 것인가, 아니면 부당한 것인가를 판단해야 합니다. 그래서 정당한 것이면 받아들이고, 부당한 것이라면 마땅히 물리쳐야 합니다.

한자 정리

明 밝을 명
날일(日-해)부와 월(月-달)이 합해 '밝다'는 뜻이 됨.

敬 공경 경
등글월문[攵(=攴)-일을 하다, 회초리로 치다]부와 구(苟)가 합해 이루어짐. 등글월문부는 급박해 다가온다는 뜻. 혁은 말을 삼가는 뜻이 있는데 다시 등글월문부를 더해 경(敬)은 한층 더 게으리 하지 않음, 삼가다, 조심하다의 뜻. '공경'의 뜻으로 씀.

忿 성낼 분
뜻을 나타내는 마음심[心(=忄, ㅎ)-마음, 심장]부와 음을 나타내는 분(分)이 합해 '성내다', '화내다'의 뜻이 됨.

논어 수업 》 삼우, 삼요, 삼건 그리고…

여섯 가지 덕목

인을 좋아하면서 배우기를 싫어하면 그 폐단은 어리석어지고, 지혜를 좋아하면서 배우기를 싫어하면 그 폐단은 방탕해지며, 신의를 좋아하면서 배우기를 싫어하면 그 폐단은 남을 해치게 되고,

정직하기를 좋아하면서 배우기를 싫어하면 그 폐단은 각박해지며, 용기를 좋아하면서 배우기를 싫어하면 그 폐단은 난폭해지고, 굳세기를 좋아하면서 배우기를 싫어하면 그 폐단은 무모해진다.

好仁不好學이면 其蔽也愚요 好知不好學이면 其蔽也蕩이오
호 인 불 호 학　　　기 폐 야 우　　호 지 불 호 학　　　기 폐 야 탕

好信不好學이면 其蔽也賊이오 好直不好學이면 其蔽也絞요
호 신 불 호 학　　　기 폐 야 적　　호 직 불 호 학　　　기 폐 야 교

好勇不好學이면 其蔽也亂이오 好剛不好學이면 其蔽也狂이
호 용 불 호 학　　　기 폐 야 란　　호 강 불 호 학　　　기 폐 야 광

니라.

이글은 《논어》〈양화편〉에 실려 있습니다.

인(仁), 지(知), 신(信), 직(直), 용(勇), 강(剛)은 군자가 갖추어야 할 여섯 가지 덕목입니다.

사람은 어질고, 지혜로우며, 신의가 있어야 하고, 정직하며, 용기가 있어야 하고, 굽히지 않는 굳은 뜻을 가져야 한다는 뜻입니다.

그러나 이 모든 것은 배움의 힘, 학문이 뒷받침되어 있어야 합니다. 학문의 뒷받침이 없다면 사람의 덕은 가려져서 해롭게 됩니다.

마음이 인자한 것은 좋습니다. 그러나 학문이 뒷받침되지 않으면 바보스러워집니다.

마찬가지로 배움의 힘이 없으면 지혜는 불의를 저지르고, 작은 신의를 따르다 보면 남을 해치게 되며, 또한 정직하기만 하면 너무 각박해지고, 용기는 뜻이 없는 난동을 피우게 되고, 뜻이 굳고 강직하기만 하면 함부로 날뛰게 됩니다.

그렇기 때문에 이 여섯 가지 덕목은 학문과 예절과 음악으로 알맞게 조절되어야 하며, 어느 쪽으로든 치우치거나 기울어져도 안 되는 것입니다.

 한자 정리

愚 어리석을 우
뜻을 나타내는 마음심[心(=忄, 㣺)-마음, 심장]부와 음과 에둘러 번거롭다의 뜻을 나타내는 글자 옹·우(禺)로 이루어짐. 마음의 움직임이 느림의 뜻. '어리석다'의 뜻으로 쓰임.

絞 목맬 교, 초록빛 효
뜻을 나타내는 실사(糸-실타래)부와 음을 나타내는 교(交)가 합해 '목매다', '초록빛'의 뜻이 됨.

狂 미칠 광, 개 달릴 곽
뜻을 나타내는 개사슴록변[犭(=犬)-개]부와 음을 나타내는 황의 생략형(㞷 → 광)이 합해 '미치다', '개가 달리다'의 뜻이 됨.

논어 수업 》삼우, 삼요, 삼건 그리고…

대장부와 졸장부

비루한 사람과, 어찌 함께 임금을 섬길 수 있겠는가.
벼슬을 얻기 전에는, 그것을 얻을 걱정에 안달하고,
벼슬을 얻은 뒤에는, 그것을 잃을 걱정에 안달한다.
참으로 그것을 잃지 않으려고 안달하면,
못하는 짓이 없다.

鄙夫는 可與事君也與哉아. 其未得之也에는 患得之하고
비부　　가 여 사 군 야 여 재　　　기 미 득 지 야　　　　환 득 지

旣得之에는 患失之하나니 苟患失之면 無所不至矣니라.
기 득 지　　　환 실 지　　　　구 환 실 지　　무 소 부 지 의

《논어》〈양화편〉에 실려있는 글입니다.
'안달'이란 대장부가 가질 도가 아닙니다.
안달을 떨다 보면 마음이 간사해져 남에게 피해를 줍니다.
　수양을 쌓고, 학문과 덕이 높으면 어떤 경우, 어떤 일을 당해도 태연하고 침착하게 처리합니다.
　'비부'는 마음씨가 더럽고 못된 남자로, 어리석고 간사한 졸장부를 말합니다. 또한 비루해서 행동이나 성질이 너절하고 더럽습니다.

237

그런 사람은 이득이나 명예를 위해서라면 남을 헐뜯고 속이며 불의를 서슴지 않고 저지릅니다. 이런 사람과 함께 살기는 참으로 어렵습니다. 그럴 때 군자답게, 대장부답게 태연하고 침착한 태도가 필요합니다.

어떤 자리에 도달해야 한다는 생각만으로 가득한 사람은, 그 자리에 올라도 자신이 그 자리에 있는 이유를 잊어버립니다. 그리고 그 자리를 잃지 않으려는 행동만 할 것입니다.

이 가르침이 담고 있는 뜻은 나이나 직업을 가릴 것 없이 우리 모두가 되돌아보아야 할 문제이고 풀어야 할 숙제입니다.

한자 정리

得 얻을 득
두인변(彳-걷다, 자축거리다)부와 패(貝-화폐)와 촌(寸-손)이 합해, 돈이나 물품을 손에 넣어 갖고 있는 일, '얻다'의 뜻이 됨.

논어 수업 》 삼우, 삼요, 삼건 그리고…

세상에 나서려면

천명을 알지 못하면, 군자가 될 수 없고,
예를 알지 못하면, 세상에 당당하게 나설 수 없으며,
말을 이해하지 못하면,
말을 통해 남의 마음을 알 수 없다.

不知命이면 無以爲君子也요 不知禮면 無以立也요
부 지 명   무 이 위 군 자 야   부 지 례   무 이 립 야

不知言이면 無以知人也니라.
부 지 언   무 이 지 인 야

이 글은 《논어》 〈요왈편〉에 실려 있습니다.

'명예'와 '언'에 대한 말입니다.

'명'은 곧 천명이고, 천명은 도를 뜻합니다. 이 도라는 것은 '사람의 도리'라고 이해하면 됩니다. '예'는 예절이고, '언'은 언어 곧 말입니다.

이 글은 《논어》 가장 끝 구절입니다.

공자는 교육 목표를, 정의를 실천할 수 있는 학문과 덕행이 높은 사람, 곧 군자를 길러 내는 데 두었습니다.

사람이 세상에 나아가 정의를 실현시키려면 천명, 곧 하늘의 뜻을 알고 사

람의 도리를 알아야 합니다. 그런데 세상에 나서려면 우선 예절을 알아야 하고, 또 예절을 알기 이전에 먼저 학문과 교양을 쌓아 말귀를 알아들을 수가 있어야 합니다. 곧 사리에 밝아야 한다는 뜻입니다.

이렇게 해야 사람의 선악을 가려낼 수 있고, 일의 옳고 그름을 판단할 수 있는 것입니다.

 한자 정리

爲 하 위 / 할 위
원숭이가 발톱을 쳐들고 할퀴려는 모양을 본뜸. 나중에 '하다', '만들다', '다스리다'의 뜻으로 삼고, 다시 '남을 위하다', '남이나 나라를 위하다'의 뜻으로 씀.

立 설 립(입), 자리 위
사람이 대지 위에 서 있는 모습을 본 뜬 글자. 나중에 '서다', '세우다', '자리'를 뜻함.